U0507397

走进

石馬寺

李怀仁 著

山西出版传媒集团
三晋出版社

图书在版编目（ＣＩＰ）数据

走进石马寺 / 李怀仁著. -- 太原：三晋出版社，
2022.10
ISBN 978-7-5457-2624-4

Ⅰ.①走… Ⅱ.①李… Ⅲ.①寺庙—介绍—昔阳县
Ⅳ.①K928.75

中国版本图书馆CIP数据核字(2022)第196378号

走进石马寺

著　　者：	李怀仁	
责任编辑：	王　甜	
出 版 者：	山西出版传媒集团·三晋出版社	
地　　址：	太原市建设南路21号	
电　　话：	0351-4956036（总编室）	
	0351-4922203（印制部）	
网　　址：	http://www.sjcbs.cn	
经 销 者：	新华书店	
承 印 者：	山西基因包装印刷科技股份有限公司	
开　　本：	787mm×960mm　1/16	
印　　张：	11.5	
字　　数：	160千字	
版　　次：	2022年10月　第1版	
印　　次：	2022年12月　第1次印刷	
书　　号：	ISBN 978-7-5457-2624-4	
定　　价：	88.00元	

如有印装质量问题，请与本社发行部联系　电话：0351-4922268

昔阳石马寺（代序）

二月河

　　南阳有座香严寺，洛阳有座白马寺，昔阳有座石马寺。我生在昔阳、幼居洛阳、老蛰南阳，"三阳"是我一生萦怀最重要的三处地方，有这么三处要紧寺院。白马寺是天下祖庭，汉明帝夜梦西方金人，醒来下令首建的华夏第一座寺，这是顶尖级的成功文化引进了。前不久，我在《人民日报·海外版》写了三篇关于香严寺的文章，那是唐天宝之乱后唐室倾颓败落中机械绞杀中唐宣宗的避难之地——他是在里头躲了七年，又复辟重握太阿。这些故事可以写出几部厚厚的小说，但我这么一把岁数，又一直被一些人误认为"有学问"，生在昔阳却压根儿不知昔阳的石马寺。即便是文化界，我看也有个"嫌贫爱富"的事。前些时看了个什么电视剧，里头介绍许多云贵文化遗迹中有很多汉明帝之前佛教渗入中原的史证，学者有几人注意到的？一种文化由一个民族向另一个民族转移，那是异常复杂持续而漫长的。我早年读《梦溪笔谈》里头的"西极化人"，断定春秋时佛意已进中原。可惜资料太少，个人是无力研究它。昔阳的石马寺遭冷落，大约因为它离枢纽城市远了些吧。

　　但这寺院不宜再走"背缘"，因为里头"有东西"，因为这寺"灵验"。有历史有文化有内涵的任何东西，你别想永远掩盖了。

　　冒着盛暑骄阳，我们驱车去观瞻这座寺。其实这里离昔阳只是咫尺之遥，窗外的青葱冈峦闪烁着绿宝石那样的亮彩，中间还嵌着条小河，或者说是"溪"，逶迤蜿蜒悠游而行，一会儿就到了。

　　我的第一印象这座寺规模不是特别大，但极美观洒脱，整个寺院全部裸呈在溪边的山坡上，越小桥过溪，一级一级的阔大台阶，可以从容拾级而上。整个寺院琼楼玉宇，亭榭台阁，如同用玩久了的积木排垛起来的那样。我见过的寺院是多了，但这样的格调是叫人费心琢磨，怎么和别处不一样？

新吗？不新。这座寺是老牌子、老资格。寺中碑记明载北魏永熙三年，也就是公元 534 年，这里已经动工开凿佛像，三个石窟，一百多佛龛，一千五百多尊石佛像，已在这里坐了一千五百年，凝神眺望溪对岸的青山，它的"文化资历"越过所有的唐代寺院。

这是依山借势、层层起殿建起来的，这寺其实是用殿宇将北魏石窟包裹了起来。很快就要进驻僧侣，择日开光。有位叫李志恒的企业家挖煤挣了钱，与昔阳县政府合作，把废了几十年的断垣残殿收拾成这般模样。不算很大，但极阔朗明眛、大方潇洒。

然而就我的知识，所有的寺院都叫"丛林"。上头几个修饰词，应该说是一般寺院忌讳的阙失，寺院应该是讲究阄深、古静、安谧，茂林修竹、葱茏掩映。这样的天色，"禅房花木深"，天色阴霾，那么就是"楼台尽在烟雨中"——这么着才对。

我一下子悟过来了，什么地方"和别处不一样"？是所居者有异呢！昔阳县是土石山岭式的地貌。这里多是旱天，你别想在这里观什么烟雨，树木最多的是荆和棘——一人来高，高大乔木都不算多，寺院里常见的银杏、松、柏、竹、菩提、冬青，这些树就更难一见。这样壮观的寺院筑在山坡上，自然就格外显眼，显露无隐。我心中的诧异一下子又回落下去。雨水少，无大树，不是石马寺的过错，这也是缘分使然。老佛爷他就这样安排造化，他在别的地方婆娑烟雨，这地方他就要沐浴阳光。这是风格。

石窟造像其实与云冈、龙门大同小异，因为重重殿堂罩起来，佛们坐在那里，更显得幽，安详地看着我们一帮俗客。引起我大兴趣的，是有一尊观自在菩萨坐像，头部已经阙失半边，身体微斜，一手支地，体态姿势一下子让我想起达·芬奇的速写人物，漂亮优雅极了！我逛过几处寺院，那里人都说他们有座"东方维纳斯"塑像，看了看虽好，却都有点夸张，这个观自在的自由奔放形态——我不说，你自己去看。另有大兴趣的是这里还有个石头暗道，石窟里的秘密石道中有石室。这是最近收拾寺院才发现的奇观，他们解释说是为避史书中说的灭佛藏身藏经的，我觉得有点牵强，地道的出口是地藏王殿，说是修十八层地狱，庶乎尽如人意。

元代翰林王构有诗说石马寺"碧水孤村静，高岩石寺阴，僧谈传石马，客至听山禽……夕阳城市路，回首隔丛林"。明代尚书乔宇诗云"千古按图空做马，万年为瑞今从龙"，这说的是"石马寺"名字的由来。因唐皇李世民在此遇难，由神马营救的故事。我看了看寺山门不远的两匹石马，太阳底下静静地站着，不知它们转的什么念头。也不知这念头转了多少年，它还会再往后想事"如恒河沙数"年的吧。

甘肃的麦积山、敦煌，山西的大同，河南的洛阳都有石窟，然而那里都是"旅游单位"了，专门挣你游客钱的。北魏石佛重新开光，受善男信女香烟礼拜的只有一座昔阳石马寺。什么叫"粹"？我的理解：独我所有，别人没有就是粹，就是特色。

他们送我一张《晋中日报》，标题形容石马寺：古老、厚重、神奇、神秘、恬静、和谐。寺里和尚出纸请我题写，涂鸦"菩提心境、清凉世界"。

有此八字，可矣。

2007 年 1 月 17 日

前　言

　　古刹石马寺，始建于北魏永熙三年，古人有"寒山峻秀，清泉下流，殿宇层叠，崎石嶙峋"之赞誉。她的建筑"依山借势、阔朗明睐"，她的内在玄妙高深、自成特色。游罢回眸，你会听到空灵飘渺的音乐，它在朝阳的坡上跌宕而下，似千古不绝的叙述。

　　我生于斯，长于斯，从小看惯了"石马寒云"（昔阳八大景之一），领略过她的晨昏雨夕，与石马寺有着不解之缘。然而成年后走进石马寺，就再没有了儿时嬉闹的心态。一种追根溯源的使命感沉甸甸地在我心头，使我无法回避。洞窟深邃，站在雍容庄严的大佛前，长时间地注视与聆听，佛的衣袂才会从那坚硬的石壁、黝黑的缝隙以及拱券悬顶回声震响的暗道中飘逸而出，让我体会到无数次霎时的震撼。不过此前，石马寺作为县域内历史最久、保存相对完好的千年名刹，曾经是鲜为人知的，我为她不平。

　　于是，我想我能为石马寺做点什么？在我们目光眺望的极处，这么一座北魏时期的古寺，既饱受着毁损与颓坍的残缺，又一次次在青烟缭绕里奇迹般地复原——冷落、繁华她都经历过；她的每一步台阶都承接过风流才子、名人巨擘的步履；她的每一尊佛像都坐享过善男信女的虔诚敬拜。那么有关她的卷帙应该浩如烟海才对，可我们两手空空，这种尴尬能否破解？我们能不能像很多前人做过的那样，为她重修殿阁楼台，让残损的佛像重绽微笑，让带香气的花朵盛开于阶侧，让静默的时间在钟磬悠扬中显示出时代坐标……简言之，我们能不能溯史而上，正本清源，为她获取与其相称的历史文化定位，重拾被世界凝眸的荣光？

凭着对石马寺的钟爱，凭着众多有识之士的支持，2004年，我承担起修复重兴石马寺的重任。以这样的身份走进她，自是与以往任何一次不同。我由一个欣赏者、膜拜者，化身为重修的设计者、工程的参与者。多少年来披星戴月、栉风沐雨，我与她不离不弃，我为她做了我能做的一切。随着修缮工作的步步推进，石马寺终于在世人面前一点点地撩起了神秘的面纱，赢来千方喝采、万人瞩目：2005年，石马寺石窟正式入选《中国名窟》，被中外石窟专家称为"中国石窟艺术的小家碧玉"；2013年石马寺成为全国重点文物保护单位；2014年荣获"山西省省级森林公园"称号；2015年被评为国家AAA级景区……此刻，所有走过的荆棘都化成了鲜花簇拥的芳径。

踏遍青山人未老。今天，我又想，我再能为石马寺做点什么……

在为石马寺忙碌奔走的间隙，不止一次听到这样的声音：可否将这些年石马寺重修的记录、搜集的史料科学考证，精心打磨，汇编成册，奉献给热爱石马寺的人们？这声音似乎给我推开了又一扇窗。是啊，把十多年来呕心沥血的成果做一个集中呈现，并以此吸引远方的人们走近，岂不是件很有价值的事情？于是，案牍劳形，增删批改，就有了这本书。

明天，我仍然会想，我还能为石马寺做点什么……

路漫漫其修远兮。善待石马寺，保护石马寺，传承石马文化，发展石马旅游，永远有做不完的事情。我辈，责无旁贷！

李怀仁

2022年12月1日

走进 石马寺

石马寺全景

目录 MULU

走进 石馬寺

肆 民间传说——山石花木增灵气

伍 诗文集萃——文人墨客醉山水

　陆　碑文精选——金石拓韵传胜迹

附　录

壹

古寺概览——
藏风得水石佛奇

壹 古寺概览——藏风得水石佛奇

占天时几度盛衰摩崖造像千余尊成佛教圣景；
逢地利多处峰壑依势建宇数百间构天人谐园。

石马寺位于山西省晋中市昔阳县城西南12公里的大寨镇石马村，是全国重点文物保护单位、国家AAA级旅游景区、山西省"省级森林公园"。这里远近山崖怪石嶙峋，清泉潺潺，林木葱茏，鸟语花香，景色秀美，卓而不群，自古就被誉为"藏风得水"之宝地。"椒原旌旗白日跃，山界楼观苍烟屯"，历代文人骚客或登临挥毫，或小聚闲游，流连忘返，有"杯动疏松影，笛吹空谷音。闹市亦静室，神游皆随心"之美感，多"空门尘不到，古洞气还通。心灵得慰藉，缤纷炫清音"之恬静，实乃休闲览胜、学古鉴今之绝佳去处。

石马寺东眺

一千五百年前，古人选中石马寺这块风水宝地开窟造像，最早叫"鹰落寺"，后易名"石佛寺"，唐太宗李世民赐石马一对，遂改名"石马寺"。之后，历朝历代在巨石四周又"即像造宫""随其广狭"，建殿筑廊，从未间断，以保护石刻免遭风雨侵蚀，遂成为今日胜景。

石马寺坐东向西，依山傍水，层层砌筑而成。景区内重楼玉宇，亭榭台阁比比皆是，雄伟中透着精巧，肃穆而不乏清雅。一座古色斑斓的石拱桥跨涧垂虹，桥头的石牌坊气宇轩昂，耸然而立，如一部音乐的前奏曲，拉开了这一组群建筑的序幕。

凌空结构

拾级而上，寺内建筑自北向南排列有序，筑基立柱，依石搭架，维护着巨石雕凿的摩崖石窟造像。山门及左右两侧钟、鼓二楼一字排开，坐在与河面落差高达8米的石基上，真可谓"凌空结构"，但墙体的均衡收缝和柱子侧角的科学配合显得高耸却稳重，看似凌空却坚实，将整个寺院包裹在一个神秘的空间里。

窟前有建于元至正年间面阔五间、进深五椽，三面围廊，重檐歇山顶的大雄宝殿，宽大的斗拱，深远的出檐，使大殿显得威严肃穆，凸显了佛祖地位的神圣。殿前一对古朴庄重的石马，似乎在诉说着石马寺的历史变迁。石窟左右殿宇依崖而建，钩心斗角，既发挥了保护石刻造像的功效，又保持了宗教建筑的布局规范。石窟顶部的六角亭，玲珑剔透，与山石浑然一体。站在亭上，上可览群山雄姿，下可观寺院全景，整体建筑结构匠心独具，和谐自然。更为绝妙的是大佛殿与子孙殿

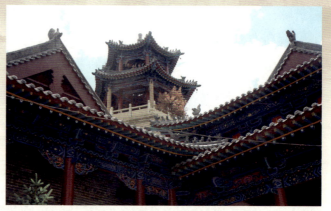

石马寺一角

间的蜗牛式廊庑，巧夺天工，堪称我国古代同期建筑之珍品。窟北观音殿、药师殿、关帝殿，自成一体，别具一格。寺庙最南端为斋堂、僧房、法堂，是寺中僧人和居士食宿之处。寺内建筑多随山势地形与造像需要而建，形式多样，错落有致，风格别具，蔚为壮观。

　　石马寺荟萃了北魏至唐代长达400多年的佛教雕刻艺术精华，赢得了"石窟艺术的小家碧玉"之美誉。寺内三块巨石七个崖面上雕凿了3个石窟、313个佛龛，1420余尊大小不一、神态各异的佛像，最大者高5米以上，最小的仅5厘米，高1米以上的石佛像66尊，其中北魏、北齐早期造像占70%，其余皆为隋唐时期的作品，其对比、夸张、烘托、渲染等艺术手法都运用得恰到好处，不同时期的石刻造像既风格各异又和谐统一，形成了一个天造地设的整体，其永恒的艺术魅力令人叹为观止！

　　石马寺集建筑、雕塑、绘画、石刻和书法等诸多艺术之大成，不仅是一处历史悠久的宗教信仰场所，还是佛教艺术与文化的结合体。当我们走进石马寺，也就走近了佛教艺术的殿堂。

（一）独特的寺庙建筑

　　石马寺依山傍河，自东向西依次展开。一部分建筑依山势而建，

鳞次栉比，参差有致，有的气势磅礴，有的小巧玲珑，有的曲径通幽，有的兀现山崖，风格迥异；一部分建筑为保护摩崖造像而建，石脊相嵌，回廊宛转，有的拾级而攀，有的随坡而落，殿中有石，石中有殿，实乃寺庙建筑罕见之作。据宋熙宁元年（1068）《寿圣寺记》碑文记载，熙宁以前，乐平（今昔阳）共有寺院31座，其中就有石马寺。该寺由岳海捐创，共修佛殿、房庵、屋宇等30余间。该年三月二十六，奉中书门下牒，特赐"寿圣寺"匾额。据《重修石马寺观音阁记》碑文记载："金大定重修，元至正年间两缮。"此后，明天顺、嘉靖、天启，清雍正、乾隆、同治、光绪，都进行过重修和补缮，可以说从北魏至清代，木构建筑和摩崖造像的修整，从未间断。

石马夕照

石马寺主要建筑分布于石马河河谷两岸的山坡上，由西向东逐级升高，东西长约200米，南北宽约300米，占地6万平方米。中轴线上由西向东有八卦亭、老君台、大王庙、大戏台、石牌坊、石拱桥、石台阶、山门、大殿、铁佛亭，钟、鼓楼和一对石马分置于中轴线两侧。后侧和南侧为窟廊。寺院北隅有一小院建有观音殿、药师殿、抱厦。寺院南隅有斋堂、僧房和法堂。在石马河西岸坡上中轴线两侧建有玉皇庙、御碑亭等。整体建筑群随着纵向进深和水平标高的逐步提升显得层层叠叠，错落有致，不仅增加了整体建筑的空间层次和立体感，而且使有限的地域空间得到充分利用，紧凑而不拥挤，错落而不疏散。大不至奢华，小不至媚俗，建筑之间气韵相通，山石林木点缀其间，前后上下浑然一体，不失为中小寺庙建筑的经典之作。

鳞次栉比

　　综观石马寺建筑形制，布局因山势而置，结构紧凑合理，建筑形式有单檐、有重檐、有歇山、有硬山、有六角攒尖、有三面围廊，丰富多彩，各具特色，既体现了传统建筑的对称美，又显得灵活多变、不至呆板。特别是斗拱的层层迭出，翼角的高高反翘，使建筑呈现着一种轻巧活泼的形象和飘逸潇洒的韵律。屋顶的坡度在梁架举折的作用下上陡下缓，前檐微微向上反曲，既在功能上起到屋檐滴水不返墙的效果，又能给庞大的屋顶造型增添一种温柔自然的曲

走进石马寺

线美和艺术感。在寺院色彩的配置上，青色的屋顶、石砖墙，使寺院呈现出一种古朴、淡雅、平静、清秀的外观，与四周山水田林融为一体，格调一致，自然和谐。红一色的柱子、门窗，加上金青绿色的檐枋斗拱彩绘，在冷暖色调的对比中，既呈现出庙宇殿堂庄重威严、神秘不凡的气度，又凸显了中国古代建筑富丽堂皇、雍容华贵的典雅风范。从风格上讲，它囊括了唐、宋、元、明、清以至现代不同时期的建筑特色，可称之为中国古代、当代建筑博物馆并不为过。石马寺独特的古建筑群及蕴含其中的丰富文化内涵，间接地反映了昔阳在华夏民族发展进步历程中的地位，带给后人的是无尽的思考与深深的追忆。

（二）精美的石窟艺术

石马寺石窟始凿于北魏年间，具体年代并无传记。但石窟碑铭左上角依稀有"大魏永熙三年"六字尚可识。北魏永熙三年（534）说的是石窟开凿之年还是此窟竣工之日，还需人们的智慧来解答。依据北魏当时的书写习惯、造像风格和社会现状分析，石马寺石窟应该开凿于北魏年间的平

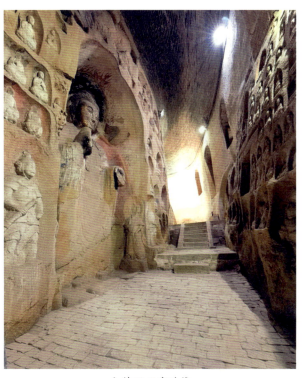

大佛殿石窟造像

城（大同）迁都洛阳之际。当时北魏皇室的宗教热盛极一时，地方官吏、民间百姓上行下效，凿石开窟，建寺立像，风靡全国。石马寺又地处迁都的主要路线上，特殊的地理位置，优良的地质地貌，得到了虔诚佛教徒和石刻匠师们的青睐，石马寺开窟造像便应时而生。此后，又经东魏、北齐、隋唐长达400多年不同时期的开凿，形成了现在的规模。现存石窟摩崖造像主要分布在呈倒"品"字型排列的三块巨石的七个崖面上，崖面最高达7米，周长70余米，共镌石窟3个、造像龛313个，1420余尊佛像。

　　石马寺石窟从雕凿时间来看，可分为早、晚两个时期，早期为北魏至东魏、北齐，晚期为隋唐。后至明代泥塑彩妆。石马寺石窟横跨了中国石窟北魏和隋唐两个开凿高潮，演绎着我国石窟艺术中最为辉煌的一幕。由于其地域文化、时代审美观以及佛教宗派信仰等诸多因素的差异，有其自身鲜明的特色和独到的艺术风格。石马寺石窟艺术表现出西域文化与中原文化相融合的特点，匠心独具的北魏晚期秀骨清像、褒衣博带、潇洒飘逸的中原风格和隋唐初期体躯丰腴、面相圆润、清新典雅的民俗特色在石马寺石窟中表现得完美无缺。

　　北魏早期造像主要有3个石窟、2个五米大龛、3个方形小龛、西崖龛造像和摩崖浮雕礼佛图，这期造像约占造像总数的

大雄宝殿正壁北魏大佛

8

70%。石窟设计规整，平面均呈方形，窟楣为尖拱火焰状、平顶凹式藻井、周壁设三壁三龛低坛基，单铺组合均为一铺三尊式。佛龛形制有方形、方形抹角，也有尖拱楣圆拱龛。造像题材为一佛、一佛二弟子、一佛二菩萨、一佛二菩萨二力士、千佛、礼佛图等。

佛像造型高肉髻，面相扁平，颊颐丰腴，双目俯视，耳垂至腮下，神情静谧。身着褒衣博带袈裟，内穿僧祇支，裙裾垂于佛座前，"八"字展开成锐角，衣纹较密颇显厚重，表情神圣而不失温和的一面。

菩萨像戴高花冠，面容清癯扁平，下颚略尖微向前突，体态稳重端庄。饰耳铛，戴项圈，宝缯飞扬，披帛横肩呈三角状，沿身侧下垂至腹前穿环打结，上身袒露，衣裙垂于足下向外微张，庄严而略显矜持。

原大佛殿南崖菩萨像

弟子像形象较为单一，上身内穿偏衫，下着长裙，外披袈裟，表情亲切自然，虔恭之中不失灵动之气。

力士像束发髻，扎发带，豹头圆眼，凝眉怒目，神态狰狞，上身袒露，下着战裙，跣足而立，雄武之中充满着刚毅。

男女供养人像已完全汉化，男性头戴笼冠、纱帽，身着交领宽袖长袍，女性梳各种发髻，穿对襟中袖齐膝长袍，完全一幅世俗平民化的形象。

南崖五米大龛造像，主尊面相威严，目光下视，体形上细下粗，身躯端立，衣裾下垂至足，层叠翻覆，衣纹上简下繁，概括洗练，均产生一种重

大雄宝殿正壁力士像

原大佛殿南崖北魏大佛造像

心向下的"力"感。左右胁侍菩萨，长颈秀目，面带笑意，加之飘逸飞扬的宝缯，流畅明快的衣纹，颇显温情洒脱。整铺造像刻画得惟妙惟肖，给人以一种宁静、飘逸、睿智和超脱之感，是石马寺北魏造像的精品。

西崖浮雕礼佛图，造像形态均为静态，但由于整体构图的行列气氛和方向的引导，给人以静中见动，动中有静之感。这个时期的石窟造像精雕细腻、装饰华丽、富丽堂皇，集中体现了北魏中晚期的艺术风格。

子孙殿内的石窟造像，既承袭有北魏中晚期的造像遗风，又表现出新的变化和发展，衣裾下摆于佛座前，纹饰反复曲折，形如水波，起伏较大，颇有韵味，同五米大龛和方形龛造像相比，在风格上可能是同期作品，但有早晚差异。

南壁石窟内的造像较为粗糙，佛像肉髻低平，面形浑圆，左右胁侍体形呈圆柱状，出现有平行的横向衣纹，既有北魏、北齐的遗

大雄宝殿正壁礼佛图浮雕

风，又有隋唐的迹象，是从北魏、北齐到隋唐过渡时期的典型特征。

晚期石马寺造像亦即隋唐及以后造像，主要分布于第一块巨石的北崖、南崖、东崖，第二块巨石的北崖，全部为龛造像。龛形多为尖拱形，也有圆拱形，还出现部分横置长方形尖拱弧形龛。题材有如来佛、观世音、十六罗

大佛殿西崖隋唐造像

汉、一佛、三佛等。佛像多为水波纹和旋纹高肉髻，面相丰腴，双肩敷披袈裟，裙摆覆座前呈倒山形。莲座多为束腰须弥仰莲座和多层仰莲座，束腰部分雕壶门，有狮子力士托扛。也有的是带梗莲座。菩萨头束高髻，项饰华丽，披巾婉转自如，刻工较前洗练，神态恬静自然。隋唐造像重在神似，不在形似，衣纹刀法不再像前期那样僵硬、厚重，写实性强，人情味浓。特别是北崖上部的观音菩萨和东崖的如来佛、十六罗汉，南崖的三个中型龛，是后期造像的佳品。造像比例适中，姿态舒展自如，表情温和亲切，似乎不再是超然自得，高不可攀的神灵，而如同可求可问，可帮可助的长者。这一时期的造像上承北魏"秀骨清像"之余韵，下启隋唐"丰腴圆润"之先河，具有"珠圆玉润"的时代特色，造像神态肃穆端庄、高贵恬静，体形敦厚圆润、健壮挺拔，服饰轻柔透体、简洁流畅，真正体现出了中国传统雕刻艺术所追求的"以形写神，神形兼备"的艺术真谛。

石马寺石窟在让人们感受历史和享受艺术的同时，也会让人产生一种深深的失落和遗憾。残首断臂的造像比比皆是，石窟的毁坏

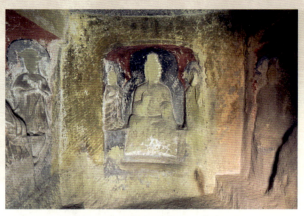

触目惊心。是历史的原因，还是自然的风化？是战争和动乱的创伤，还是人为的破坏？"文革"时期寺庙坍塌，石窟暴露无遗，风化水蚀自然破坏非常严重。尤其20世纪90年代，石马寺

子孙殿石窟内被盗凿的佛像

精美的造像，引发了不法文物贩子的觊觎，遭到了肆无忌惮的盗凿，对石马寺石窟造成了最大的创伤。所幸的是，被盗凿、流失的十多件佛头后被公安机关追回，而不知所踪的又有多少呢？追忆往昔，浮现在世人面前的，该是一幅多么令人伤感的历史画面啊。

（三）神奇的石马山水

石马寺坐落在钟灵毓秀的石马河东、西两岸，石马河宛如一位美丽的少女扭动着婀娜的腰肢，缓缓而行。河两岸群山连绵，谷深林幽，溪涧泉涌，鸟语花香，景色秀美卓然不群，四季清爽气候宜人，真可谓"悠悠碧水，汩汩清波，忆无休天地玄黄；依依翠柳，跃跃青山，诉不尽世道沧桑"。古寺宛如碧玉明珠镶嵌在山崖茂林之中，西接"沾岭拖兰"，南屏"松林积雪"，东有"蒙山烟雨"，近抱"洪水池塘"。它不仅有建筑独特的寺院和工艺精湛的石窟造像，奇丽隽秀的山水林石，含蓄深长的哲思意趣，更是让人流连忘返。

石马的山深沉而厚重。绵延不断的石马山，层峦叠嶂，云雾缭绕，林木葱葱，芳草萋萋，流水潺潺，空气清新，犹如"天然氧吧"。铁佛尖山的云海，特别奇绝，如梦如幻，置身云海观日出最为壮观。龟山的松柏千姿百态，灵秀俊逸，宛如墨绿的绸缎飘逸山间，凝重

层峦尽翠的石马山

中透着灵动之气，真可谓"白云抱幽石，绿篠媚清涟"。山涧壁立万仞，怪石嶙峋，看似无路行，却有暗径通。山谷沟壑纵横，古木参天，藤萝缠挂，遮天蔽日；密林深处，山泉汩汩，深潭泱泱，正如王祚永所言："瑞霭菲菲千壑秀，清风拂拂万尘空。"

　　石马的石嶙峋而瑰玮。整座石马寺红石铺院，白砂石砌墙，摩崖石刻造像、石马、石桥、石牌坊，还有护佛石龟，试斧石，飞来石，金龟石，林林总总，不一而足。山石千姿百态，异彩纷呈，或形奇，或色艳，或纹美，或质佳，或灵秀飘逸，或凝重深沉，自然天成，超凡脱俗，令人赏心悦目，神思悠然。石马寺身后的石马山腰，一排高约 9 米，长约 40 米的天然砂岩垂直悬挂，有如瀑布飞流直下。石崖脚下，一块巨石成 40° 角斜卧，与其相衔，俨然"飞瀑垂帘"，蔚为壮观。石马寺周围的巨大孤石更为罕见，它们大如三金，奇如万象，或凌空突兀，卓尔不群，或依偎山脚，温柔敦厚，或沿河陡立，风姿绰约。当你绕着山岩行走，可以看到一个个石佛龛，石佛或神态恬淡，安详自若，或面相丰腴，雍容富雅；当你体会着佛的淡定，

13

怪石嶙峋

心中就会多几分从容。石离不开景，景离不开石，石马寺的奇石迭出，大有一种别有洞天之感，恍若置身于仙境一般。

石马的水空灵而幽静。石马寺是极为少见的环水而建的寺庙，周边绕着一条玉带似的河，河水因寺得名，叫作石马河。以河为界，

平湖春色

佛、道各占东西。一年四季长流不息的石马河，正契合了"山得水而秀，水依山而幽"的意境。水的灵动和着寺庙里虔诚的诵经声，木鱼与钟磬的节奏，传向四方，为寺庙平添了几分庄严与肃穆。即使全然不知佛道之理，也能感悟到佛家道家的深沉。拱形石桥横卧在河涧，将东、西两山巧妙地连在了一起，佛道遥相呼应，山水映衬其中，站在桥头，观足下，流水低吟浪不惊，碧波倒影天上景；望眼前，佛道高居慑芸芸，犹闻经鼓渡人声。横亘在石马河上的多道石坝把清澈的石马河水集蓄起来，形成次第而下的多个人工湖泊。

石马泉水

湖水晶莹透亮，太阳照在水面上，闪烁着点点金光，像是点缀着一颗颗闪亮的宝石，形成了一道平湖如镜，湾流如丝，宽瀑如锦的人工奇观。在晨光与落霞中，古刹庙宇，绿树奇石，倒映湖中，使游人爽气悦目，心旷神怡。深藏在山间的龙潭泉，是上苍赐予人们的玉液琼浆。石马泉水含有丰富的矿物质，饮之甘洌爽口、沁人心脾，是上乘的天然矿泉水。传说长饮此水可耳聪目明，百病不侵，求水者络绎不绝。

石马的云神奇而缥缈。"石马寒云"是石马寺一道著名的自然奇观，为昔阳县古代八景之一。明嘉靖二十七年《乐平县志》有"县西南二十五里，山名石马，峰峦耸拢，若接青云……冬月凝岫必降瑞雪"的记载。石马寺云的奇特之处就在于天地相接，缭绕山间，起而如瀑，依山峦起伏而泄；落而如织，顺河谷弯转而流，把石马山峰装扮的如蓬莱仙境，人们置身其中，深思飞越，浮想联翩，仿

佛进入梦幻世界。每当石马寺铁佛亭背后山谷中有浮云飘出直贯河谷，大雄宝殿前的两尊石马口吐白云，冬必降雪，夏必落雨，因此，当地农民把石马寺周围流云的变化看作晴雨表，把一对石马看作掌握

石马寒云

腾云降水的神灵。古人有诗赞曰："一双石凿名为马，几度云腾疑化龙。瑞霭菲菲千壑秀，清风拂拂万尘空。"

石马的景绚丽而多彩。独特的地质地貌，珍稀的花草禽兽，多样的景观形态，荟萃天下奇观于一地，熔铸诸般神韵为一体，石马寺美景应有尽有样样俱全。据不完全统计，区域内有各类植物1000多种，名贵药材几十种，珍稀树木花卉上百种，柴胡、黄芪、党参、杜仲、桔梗随处可见；刺梅、丁香、野菊、芍药、蔷薇争相斗艳；金钱豹、原麝、青羊、野猪、山鸡不时出没；林蛙、甲鱼、啄木鸟、

铁佛晨望

走进 石马寺

石马寺雪景

画眉、百灵种类繁多。整个区域三季有花，四季常青。春天繁花似锦、万紫千红、蜂蝶飞舞，嫩绿含笑；夏天浓荫如盖，清泉流莹，爽风拂面，瑞霭万千；秋天红叶满山，尽染层林，云蒸霞蔚，俏映山壁；冬天银絮飘洒，雪压松顶，玉树琼花，原驰蜡象，一年四季石马天天都是好风光。"卧听花开花落，坐看云卷云舒"。

（四）美丽的民间传说

大凡古寺庙宇，胜景佳地，历经千百年沉淀，都会有不少民间传说、神话故事流传下来。这些神话传说饱含着人们对美好的向往，对神灵的敬畏，对故土的热爱，代代相传，演绎出丰富而深刻的文化内涵。石马寺的民间传说和神话故事十分丰富，颇具地方特色，大致可分为以下几类：

其一，使地名脱俗化。人们出于对石马寺的情有独钟，千方百计为它罩上一层神秘的面纱，往往把灵山秀水和神话传说结合起来，创造出无限的想象空间，以达到神愉心悦，褒爱有加。如《佛道争地》等传说，为一处自然景观，加入了许多文化元素，使它的山水石、花木草平添了几分灵气，为人们提供了更为多元的想象空间。

其二，使静物人格化。自然奇观和神话传说交相呼应是中国传统文化遗产中不可或缺的一个重要组成部分。中国作为四大文明古国之一，其传统文化源远流长，其载体除了碑、籍、铭、帖外，很大一部分就依附于山水之间，这些静物山水，令一代代文人骚客缅怀追思，寄慨遥深。在石马寺的传说中，对石头的人格化俯拾皆是，几乎每一块石头都有一个美丽的传说，都有一段动人的故事。如《石龟护佛》《石盆献盐》《落鹰为石》等。当人们走近石马寺，与这些石头为伴，仿佛进入了一处处奇幻异境，形成了人与神的心灵交流。

其三，使技艺神秘化。在石马寺寺庙建筑构件方面，我们的先人展示出超凡脱俗的智慧，充分表现了中国古代建筑学的博大精深。如铁佛亭、蜗牛廊、木楂坊等建筑，依托自然山石加以巧妙的人工构建，形成了石马寺建筑的显著特点，这些高超的技艺在人们的口耳相传中逐步神化，最后把工匠们巧夺天工的高超技艺神化为鬼斧神工。于是就产生了《鲁班献梁》关于木渣梁的传说，就有了《君主赐马》关于石马的传说，这些传说增添了石马寺古建的神秘性和寺院的知名度，同时也强化了游客的观赏体验。

其四，使景物人性化。这些古老的传说，使我们的祖先不仅获得了精神愉悦，同时也把自己对生活的美好愿望寄托于山水之间，赋予山水景物人性化的一面，为自己依山附水能祛灾治病，祈丰添福提供精神上的抚慰。在《石井圣水》中，就反映了人民群众对石马河、石井水的那种深深眷恋和对它寄予的种种厚望。

石马寺美丽的民间传说和神话传说题材广泛，内容丰富，朴实幽默，在岁月的变迁中张扬着旺盛的生命力，形成了一个民间传说和神话故事的艺术殿堂，它将和石马寺的摩崖石刻一样，成为一种不可多得的非物质文化遗产，成为蕴含民族文化的艺术宝藏。

（五）石马的前世今生

有道是"天下名山僧占多"，古寺多在风光极佳处。信众们进香、随喜之余可据高凭远，开阔胸次、印证佛理；寻常游客赏山玩水之余也可闲步入寺，问道悟禅、礼拜佛祖，增进对佛教的了解。不管从哪方面说，这都是相得益彰的事情。盛世修寺，不仅有光大佛教的意思在内，开发旅游、助推地方经济亦是题中应有之义。

纵观北魏一朝，佛教之盛可谓前所未有。举世闻名的云冈石窟、龙门石窟皆在北魏开建。石马寺始建于北魏永熙年间，与云冈、龙门石窟属同期工程。虽然地势所限，规模与彼不同，但早期造像（占70%）风格极其接近，可谓异曲同工。其历史亦与之同样久远、丝毫不逊。

石马寺的开窟造像工程围绕本山天然巨石展开，且时长沿续甚久，荟萃了北魏至隋唐长达400多年的佛教雕刻艺术精华，极具艺术价值。多少艺术家、工匠、佛教徒投身于这项工程，现已无可考证，石马山上锤凿叮咚之声几百年不绝于耳却是铁定的事实。在虔诚的劳作之中，大至5米、小到5厘米的

修复前的大雄宝殿

1420余尊石佛像就在这山间疏疏落落地凸现出来，赋予了顽石以生命，荒山以灵性。

石马寺无疑是有过辉煌的，或者说，有过多次辉煌。这里曾经香烟缭绕，善男信女如云，佛号响彻云端，且又因风光绝美、建筑

修复前的石马寺

峥嵘而吸引无数文人骚客登临。金代诗人元好问、元代翰林学士承旨王构、明代吏部尚书乔宇、明末清初著名学者傅山等无数达官显贵、社会名流都曾在这里留下脍炙人口的诗篇，清康熙皇帝更以一首"何处来春风？淡荡开晴旭。不见杏花红，才逢柳梢绿"的题赠擦亮了石马寺这张文化名片。

可石马寺在山上一立就是一千五百年，看石马河逶迤北去，眺乐平城风云变幻，霜雪侵蚀、日月风化、天火刀兵，虽史上有过多次修缮，究竟逃不脱残破的宿命。勉强随着时代进入到21世纪，它已如历尽沧桑而风烛残年的老人，满目疮痍，朝不保夕，随时都可能颠仆。

石马临近县城，不管政治风云如何变幻，都断不了有人要登临送目，畅叙幽情，这些关心石马寺的人，也点滴见证了它的颓败。寺院入口处的石牌坊、凤阆桥染满了岁月的锈迹，而通往山上的石台阶已然坍塌破损，触目荒凉。到处是残砖剩瓦、断壁颓垣，很多小石像身首异处，大佛则满身尘垢，风雨无遮，就连那根著名的"木楂枋"也在岁月中老去。顺着大佛眼睛所向的方向眺望，人们会惊异地看到如此深远广大的现实。河流，树木，村庄，巨蟒般的道路，甲壳虫般川流不息的车辆……时代如此鲜亮，众生熙熙攘攘，无不呈现出当代的富足与繁荣，而那对唐时的石马却被风刀霜剑磨去了棱角，通身圆秃，怔怔地站着，英武不再。那副驯顺衰老之态，任是谁看了都要不忍。关于修复石马寺的议论，渐渐在民间嘈切起来。

千年积尘，得有多大的力量才能一洗而清？何况石马寺地处太行西麓，关山阻隔，交通不便，又远离经济文化发达的大中城市，自然难以引起世人的注意，引资注定是件难事情。不知有多少虔诚的目光、热切的心跟石马寺一起在等。

时机就在这有心的等待中一次次降临。

其实早在 20 世纪 80 年代，昔阳县委、县政府就将石马寺这一文化遗产的保护与开发列入了议事日程。1981 年，石马寺被列为县级文物保护单位，1986 年，石马寺成为山西省文物保护单位。它的身份地位一次次抬升，犹如古老的山脉被托举出海面，自然是要吸引世人的眼眸。

终于在 2004 年，恒雁集团董事长李志恒先生决定投资 1500 多万元，对石马寺进行抢救性修复重建。石马寺等到了涅槃重生的机会。

工程于 2004 年 8 月动工，本着"修旧如旧，文物集中保护"的原则，以保护佛教石刻造像为重点，对原有古建筑按原貌能修缮的修缮，能修复的修复，破坏严重无法修复的按原貌重建，散落在民间的部分碑雕石刻搜集建馆存放。修复工程如有神助，进展得非常顺利。原有的石牌坊、石拱桥、山门、大雄宝殿、大佛殿、子孙殿、地藏殿、观音殿、药师殿、钟鼓二楼、东西厢房、关帝殿、铁佛亭等殿宇窟亭相继修缮落成。

石马古刹自然是有故事的。比如《佛道争地》的民间传说，故事流传千年，曲折生动也非常完整。既然石马寺据于河东，那么就在河西高耸突兀、松柏参天、灌木丛生的龟山，以石马寺中轴线为景观轴线，将现存的人文景点与自然景观相结合，重点开发了以道教庙宇为主的旅游景点，拓展了登高远眺"石马含云"的美景，在原道教文化的遗址上，修复了大戏台、大王庙、御碑亭、老君台、八卦亭以及玉皇宫，与河对面的石马寺隔河观照，一佛一道，相映成趣。

2007年昔阳县委书记孟希雄（左四）陪同晋中市委书记王雅安（左二）在石马寺调研

同时，为满足旅游需要，一路披荆斩棘，在石马河筑坝蓄水形成了300多米长的人工湖，修通了3公里长的旅游公路，修建了供游客食宿的石窑洞，架设了通信网络，绿化了周边荒山。石马寺经过全方位修复重建，以历史人文景观为基础，修旧如旧，给人们提供了一场丰富的文化旅游盛宴。古建筑古朴典雅，小巧玲珑，随山构筑，殿宇与周围山水地貌相互映衬，花草树石间配其中，营造出一种曲径通幽、宁谧风雅的情趣雅韵，成为昔阳县城周边集旅游观光、休闲娱乐为一体，沐浴历史文化、感受自然生态的绝佳去处。

2005年，由中国古建泰斗罗哲文编著的《中国名窟》一书将石马寺收录其中并给予了极高评价："石马寺造像风格迥异，自然朴素，技法精湛，面形和服饰都显现出了鲜明的民族特点，是我国中小摩崖石窟的典型代表，具有文物鉴赏和文化旅游的双重价值。"特别是 2007 年昔阳籍著名作家二月河回乡游历石马寺后，在《人民日报·海外版》发表了题为《昔阳石马寺》的文章，他说自己生在昔阳，却压根儿不知道昔阳的石马寺，这寺院不宜再走"背缘"，因为这

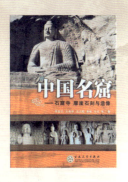

著名作家二月河为石马寺题词

寺"灵验"，它的文化资历越过了所有的唐代寺院。顶级专家学者和文化名流的重磅推介，让石马寺这一中国石窟艺术中的"小家碧玉"从"养在深闺人未识"，逐渐撩开神秘面纱，走出了千年深闺。

2007 年农历四月初八佛诞日，石马寺修缮维护工程正式告竣，竣工典礼隆重举行。拂去三年辛苦劳作的尘埃，再看此刻的石马寺，但见水光清浅，山色空翠，佛陀宝相庄严，桃花满山盛开，礼炮轰响，人头攒动，香烟冲天，清流奔腾。石马古刹重现于千年旧址之上，

2007年昔阳县四套班子领导参加石马寺文物保护及旅游开发一期工程竣工庆典仪式

北魏石刻再展于万绿丛中，一切均是最美的模样。而沉寂千年的石马寺一旦张开慧眼，即喜气盈门、一顺百顺，好事接踵而至。

2008年，石马寺开始着手申报国家级文物保护单位，启动了石马寺"省级森林公园"创建工程。昔阳县委、县政府用大景区的标准高点定位，用大旅游的思路高标实施，用大力度的手笔高效推动，按照"一核（石马寺核心景区）、一河（石马河）、两山（龟山、龙山）、多节点（停车场、旅游车道、登山步道）"的建设理念，致力把石马寺森林公园打造成一个会呼吸、能交流的"天然大空调""生态大氧吧""昔阳后花园"。历时四年，总投资4452.5万元，建设区域总面积4.45平方公里，栽植各类树木8.5万株、花卉草坪1300平方米，森林覆盖率达到了78%。

曾经"多荒少绿"的石马寺已经成为过去，"水"与"路"完美结合，"园"与"寺"和谐相处，构筑了"山深藏古寺，密林有峥嵘"的绝佳环境，一个以天蓝、水清、

恒雁集团董事长李志恒与山西省佛教协会副会长、五台山佛教协会会长、黛螺顶住持昌善大和尚在石马寺

树绿、寺美为基本风貌的森林公园开门迎客。2013年，修葺一新的石马寺如愿成为第七批全国重点文物保护单位。2014年，石马寺被山西省人民政府命名为"省级森林公园"。同年，石马寺抢抓晋中创建"全国全域旅游示范市"的大好机遇，开始着手 A 级景区创建活动。成立了石马寺景区管委会，一手抓石马寺包装宣传推介服务"软实力"的提升，一手抓石马寺基础设施建设"硬实力"的强化。投资 1000 多万元，完成了石马寺旅游发展总体规划；对游客服务中心进行了升级改造，增设了景区导览设施、医疗救援服务、纪念品邮政业务；新建了寺院斋堂、僧舍和文物陈列室，使游客可以亲身体悟到石马寺的历史变迁，领略到石马"木渣坊"的民间传说。改造了两处旅游厕所，新建了两个生态停车场，恢复了鲁班殿、

2016年昔阳县委书记王根元（左六）陪同晋中市委常委、统战部部长孙光堂（左七）参加石马寺古庙会

石马寺旅游开发公司董事长常晓峰

三门阁和法堂等原有建筑，满足了游客求知求美、求异求新的要求。建设了6公里的石马寺登山拜佛步道，给游客打造了一个挑战自我、挑战自然的旅游项目，使石马寺层林尽染的雄伟风貌一览无余。新增台阶步道1000多级，铺设石板路面300多平方米，配备了两辆旅游电瓶车，保证了游客车辆风雨无阻。同时，还进一步完善了景区标识标牌，建设了智慧旅游服务平台，开通了智能语音导游导览和全天候的景区咨询服务。恢复了每年四月初八的石马寺古庙会，游人熙攘，赞声如潮，车水马龙，蔚为大观。使石马寺旅游管理自此走上了规范化、智慧化、人性化和特色化的轨道。

2015年，石马寺被评为国家AAA级景区。

深山藏胜地，盛世开盛景。石马寺的自然景色与人文景观，在被人们品味和欣赏中逐步得到升华，在历史发展的长河中，印记了文明进步的轨迹，形成了石窟文化艺术、徒步朝圣路线、庙会民俗文化三大旅游精品，绘就了一幅锦绣壮丽的风景画卷，"石马寒云""古刹钟声""峨尖烟雨""平湖秋色""铁佛晨望""八卦晓月""龟山松涛""石井玉影"等"新八景"虚实相生，靓丽斑斓，让游客新奇不断、惊喜不断，处处悦目、处处赏心、处处销魂！

清晨，淙淙流水伴着古刹钟声，把灌木丛中的鸟儿唤醒，悠远深邃的石马河谷万籁和鸣，山水林泉有着自然的律动。日近中午，湖水在阳光的照耀下波光粼粼，远望凤阁桥，像一条彩虹横跨于石

2021年昔阳县委书记许利伟（左五），县委副书记、县长侯文亮（左一）陪同晋中市委书记吴俊清（左四），市委常委、秘书长、统战部部长鹿建平（左六）调研石马寺旅游开发

马河上。惠风和畅，清泉流莹。站立桥头，听足下流水潺潺，鹅鱼相戏，看碧波荡漾，天水一色。夕阳西下，漫步于古寺之中，沐浴绚丽的晚霞，聆听深沉而悠远的梵音佛曲，感受佛心禅境，犹如置身世外桃源，有着一种说不出的惬意。向晚，西天残月悬于八卦亭尖，龟山苍苍，松涛阵阵，凝重中透露着灵动。

登上铁佛亭远眺，四周的山色和云海融为一体，莽莽苍苍，朦朦胧胧，仿佛海市蜃楼，一切显得如幻似梦。若遇夏秋雨季，就会出现云绕山峦，雾出霞岫的景象，大小山峰沉浮在云海之中，时隐时现、似动非动，充满了梦幻和神秘。

石马寺，历尽沧桑，

昔阳县委书记黄亚平（左二）调研石马寺旅游开发和文物保护工作

几度盛衰，步履蹒跚地走过了1500百年漫长的里程，借助中华民族百年复兴的煌煌盛世，又一次找回了荣光和青春。遍地的文物遗存、独特的寺庙建筑、精美的石窟艺术、神秘的奇山秀水，召唤着四方游客踏歌而来、徘徊不去。"千古兴亡，百年悲笑，一时登览。"历史毕竟是有重量的，这是石马寺的精髓所在。相信我们所仰望的佛陀，也在俯视大地，含笑凝视我们，并欣然祝福这个伟大的时代。

昔阳县委副书记、县长范楷（左二）调研石马寺旅游开发

贰

石窟造像——
艺术宝库千年史

贰 石窟造像——艺术宝库千年史

　　石马寺选址于灵山秀水绝非偶然，自古风景名胜，必为黄冠缁流所据。太行山脉的这一段，整体看本来平淡无奇，大自然的鬼斧神工却让石马山变得极为独特，凸现出三块呈倒"品"字形排列的巨石。石马寺的摩崖造像，始凿于北魏中晚期，终于隋唐，其造像所依托的就是石马山上这三块巨大的砂岩。其中北侧巨石最大，该段地脉陡然被一股强大力量从地下顶出一截，独立向天，四面裸露。昔阳的先民们没有辜负苍天这番美意，不知经多少代能工巧匠的妙手，在这块高 7 米、东西长 16 米、南北宽 15 米的巨石四面镌满了龛像。南侧巨石背靠石马山，半隐半露，人们在其高达 20 多米的西、北二崖镌造龛像。西侧巨石位置偏低，居于倒"品"字的下端，仅东崖镌造龛像。

　　整个石马景区，现存石窟 3 个，摩崖造像龛 313 个，造像 1420 躯。时代分早、晚两期，早期包括北魏、东魏、北齐，晚期为隋唐。谁也不会想到，在太行山的深山密林之中，在鲜卑这个少数民族统治之时，竟然会有如此

大雄宝殿北魏佛头

高的雕刻艺术水准，创造了这不平凡的石窟艺术，堪称人间奇迹！让我们走进这虽然小巧袖珍，却是满目琳琅的艺术宝库之中，做一个轻松惬意的旅行者，走入全国重点文物保护单位石马寺，去感受

和领略北魏、隋唐所创造的历史与文化精髓吧。

（一）开凿最早规模最大　寺中精品余味隽永

要说石马寺石窟是天时、地利、人和的产物，恐怕无人质疑。

先说天时。公元386年，拓跋珪建立北魏，太行山以东的中原地区尽入北魏版图。此前，作为正统思想的儒学对于"华夷"之辨一直是极为重视的，其作为一种民族心理结构已经长久为社会各阶层所接受。在这种情形之下，作为少数民族的北魏鲜卑统治者是不能不顾忌的。儒家"正朔""君臣"思想既然不能沿用，那么鲜卑拓跋部就选择把佛教树为大旗，以便号召民众。当时后赵的统治者石勒就曾认为"佛为戎神，正所应奉"。

"上有所好，下必甚焉"仅是问题的一方面。连年征战，民不聊生，王朝更迭，人民朝不保夕，佛教确实成为当时各个阶层所共同接受的精神食粮。且入寺为僧，便可免除徭役。几大元素共同作用，很快在民间引发了信佛、造佛的热潮。在北魏永安三年（530），北魏皇帝元晔封尔朱世隆为乐平郡王，他是北魏著名奸雄尔朱荣的堂弟。其时，尔朱氏挟天子而令诸侯，权倾朝野，尔朱世隆在自己的领地开建浩大的佛教工程，也就成了一种可能。

再说地利。石马山是块"风水宝地"，当地人称为"九龙口"，山清水秀，是"藏风得水"的好地方。另外还有两个主要原因，一是石马山石头独特，属于砂岩，圆润且利于雕刻，容易打造出北魏时期盛行的那种衣袂繁复的多层次造型；二是石马山上天造地设般散落着多块巨石，多方平面给造像提供了创作的依凭。

第三说到人和。石马寺位于山西大同和河南洛阳之间，由于北魏迁都洛阳，一部分僧人和工匠散落在沿线，在"平洛道"上，形成了以太原天龙山、邯郸响堂山、郑州巩义为代表的石窟带，石马寺正在这条石窟带上，能工巧匠自是不缺。

进入石马寺，首先映入眼帘的是主体建筑大雄宝殿。大殿正面的摩崖造像是倒"品"字形的三块巨石中最大石块的西壁，崖面坐东朝西，上刻所有造像都是北魏时期的作品，为寺中开凿最早、规模最大的石雕群像。在这个崖面上，共有一窟，两大龛，46个千佛小龛，35个供养人像，均为寺中精品，细细观赏，韵味悠长。在龙洞和大龛中间，有一块平整的崖面刻成摩崖石碑，碑高185厘米、宽130厘米，长方形抹角，碑铭除左上角依稀可辨"大魏永熙三年"6字外，其余皆漫漶不可辨识。但这珍贵的六字，恰恰证明了石马摩崖造像的开凿年代，从而给了它一个高贵、久远的身份认证。冥冥中，岂非天意乎？

大雄宝殿正壁造像

这面石壁上最引人注目的是右边的一整铺摩崖造像，这是石马寺摩崖造像中最大的两龛之一。圆拱龛，尖拱楣上凿出人字形凹槽，下悬一宝珠。龛高520厘米，宽300厘米。造像为一佛二菩萨二力士，力士分站龛外。这尊大佛高460厘米，头顶有高高的肉髻，广额丰颐，长眉细目，面相方圆，嘴角深嵌微笑状，流露出豪迈、自信、超脱和无比的喜悦。身穿双领下垂袈裟，衣纹刚劲清晰。手皆残，似施无畏、与愿印。其佛体造型依佛规"三十二相"而做，眉间白毫，两耳垂肩，众生若见此佛相，不需条件，不需距离，都能产生庄严崇高之美，可消除业障、身心安乐。大佛像的左右两旁是起胁侍作

大雄宝殿胁侍菩萨浮雕头像

用的菩萨像，二菩萨为浅浮雕，高210厘米，眉清目秀，五官和谐，富态高贵，头戴三叶宝冠，帔帛在肩部呈三角形，双手合十，尤其微薄上扬的嘴唇，让我们无以言对。龛外左右两侧凿出方形浅龛，高180厘米、宽90厘米，内高浮雕凿二力士，面相是鲜卑人，脑后束尖锥髻，豹头圆眼，狮鼻阔嘴，躯体向外倾斜。整铺造像设计精巧，镌刻细致，浑然一体，给人以一种庄严、宁静、飘逸和超脱之感，是石马寺石窟中的经典之作，集中展现了北魏石窟"秀骨清像"的艺术风格。

在石马寺石窟里，我们会看到佛像上遍布密密麻麻的孔洞，主要是明清时期人们对佛像进行过大规模的泥塑翻新和维修。在修补佛像时，先在佛像上打孔，然后嵌入木栓，再在木栓上缠麻，然后涂泥和彩绘。这些小孔就是佛像长久风蚀，泥塑脱落后留下的痕迹。

在大雄宝殿左侧，有石马寺最大的一个石窟，壁上有明嘉靖年间直隶监察御史李应时所题写的"龙洞"二字。窟门圆拱形，高130厘米，尖拱龛楣饰卷云纹，两侧方形立柱。窟平面方形，深宽各280厘米、高270厘米，平顶正中刻出边长65厘米方形凹式藻井。石窟内为三壁三龛，内雕一千余尊佛像，共同构成了一个宏大无边

大雄宝殿龙洞石窟造像

的佛国世界。但由于年久失修，再加上"学大寨"时期这里盛放过氨水，侵蚀严重。

窟内东壁是该窟的正壁，正中主像龛为尖拱形，高90厘米、宽80厘米，方形龛柱，镌一佛二弟子。主尊佛像高70厘米，头残，肩胛狭窄，手印服饰漫漶不清，结跏趺坐于长方形佛座上。两侧弟子立姿，风蚀严重。主像龛左右两侧现存小龛6个，皆镌一坐佛，

龙洞石窟正壁（东壁）造像

高15厘米，面相服饰漫漶不清。壁上部镌有结跏趺坐千佛8层，每层42躯，大小就像火柴盒一般，其密度与蜂巢一样，表现出如几何图形一般的规整、精致的美。当我们看着环石窟四周，斑驳残

34

龙洞石窟千佛龛

剩的千佛小像，简直无法想象这是 1500 年前的人力所为。那是多么伟大的信仰力量，将虔诚之心加精益求精的技术，才会创造出的一种结果啊。虽然现在这石窟被自然和人为破坏剥蚀得千疮百孔，但并不影响我们借此一斑，而窥其全豹，仍可以通过这整个残缺的千佛禅定像来想象它原来应有的状貌和气势，应有的壮观和辉煌。

龙洞石窟北壁造像

北壁龛形大小同东壁大致一样，龛中凿一佛二弟子，主尊佛像高 77 厘米，面相清癯，高肉髻，肩胛狭窄，身着双领下垂袈裟，施禅定印，结

35

跏趺坐于长方形佛座上。两侧弟子站立两旁，呈倾斜状，表现了弟子倾身敬佛的心情。主像龛外部左右两侧又有小龛6个，皆镌一坐佛。壁上部镌造的千佛像与东壁相同。

南壁虽然令人痛惜地风化了，但是通过残留的痕迹与北壁做对比，还是能够完整地感受到它与北壁在造像形式上的对称呼应，还原其本来面目，让人们仍能发现其应有的对称美。

龙洞石窟门内右侧造像

窟门背面右侧有一浅浮雕屋形龛，单檐歇山顶，坡面平缓，高脊，两端鸱尾半月形，造型简洁。屋檐下两侧立方柱，屋内凿一圆拱龛，龛高90厘米、宽70厘米。内为一佛二菩萨二弟子，弟子分立龛外，遮去立柱下半部。主像高55厘米，面相方圆，螺髻，着宽袖袈裟，下摆覆座前，肩披衫，结跏跌坐于长方形座上。菩萨及弟子分立两侧，圆形光头，余皆风蚀严重。窟门左侧屋形佛龛，仅凿了个线条，坐佛也只做了个浅浮雕石胎，便中途废弃了。这种半成品的造像在石马寺石窟中还有几处，这也许是一种缺憾的艺术。然而，从另一个角度看，则为后人研究当时的艺术创造过程，提供了更好的蓝本。

龙洞石窟门内左侧造像

在"龙洞"上方，有一高45厘米，宽40厘米石龛，内造交脚弥勒菩萨像，通高38厘米，头戴高宝冠，肩披三角巾，双手合十，裸腿跏坐于佛台上，其姿势的舒展与美丽，笑容的含蓄与妩媚，同云冈石窟中晚期石雕佛像异曲同工，其造型属于典型的犍陀罗艺术风格。轻薄的服饰掩饰不住身体的健康与美丽，赤裸的双脚昭示着一种出水芙蓉般的清纯与矜持，特别是双手合十的手势让我们浮想联翩。关于双手合十的礼仪，我们司空见惯，比如在圣像前要合掌示敬，与人见面也合掌示礼，合掌看似简单，实藏宇宙万法，不可等闲视之。最通俗的解释：合者，和也，代表和平、友好、团结合作。再者，十指合于心口，表示诚心诚意，所谓"十指连心"。又，平时十指散乱，代表散乱的妄心，现合于一处，代表一心。佛说："制心一处，无事不办。"又说："一心不乱""一心皈依"。

大雄宝殿正壁礼佛图及供养人像

在"龙洞"上方的崖面上，还雕有近百躯供养人像，堪称一幅庞大的世俗人物画卷，在其他石窟中较为罕见。按其形态表现，大体可分为三大类型，最里边的是一组两列的浮雕礼佛图，高约18厘米至31厘米不等，头戴黑色纱质高笼冠，身着交领博袖大衣，手持茎莲，衣着华丽。人形显得颀长，略带向前的倾斜感，既保留了富丽典雅的贵族气派，又带有飘然若仙的意味和凝然静谧的心境，具有明显的地方官吏背景，更进一步证明了石马寺石窟与当时政治形势和皇家贵族有着千丝万缕的联系。在此壁外边上还雕有左右四排正襟危坐，服饰多为鲜卑胡服、头戴毡帽或头顶幅巾的供养人像。同时，在此窟最左面的缝隙中还依稀雕刻着十几个供养人像，但侵蚀严重。这些供养人像虽为静态，但由于整体构图的行列气氛和方向的引导，给人以静中见动，动中有静之感。

供养人是佛教石窟造像的重要内容之一，是信仰佛教，出资出力开窟造像的募捐者，有皇帝高官，有信徒僧侣，也有社会名流、普通百姓。他们虔诚奉佛，时刻礼佛，向佛供养。同时也为了留记功德和名垂后世，往往将自己和家族亲眷、部下属僚以及侍从奴仆的肖像雕刻在石窟四周、边角的缝隙中，这种图像写实性强而富有生活气息，为后人研究当时民族服饰、社会风俗礼仪、佛教绘画艺术的珍贵资料。以此思之，那些潜心发愿、施财舍力开凿或者维修石窟的人们，面对画像，渺渺冥冥，仿佛超越千年时空，站立于这些供养人的行列之中！

（二）主窟三壁佛像争辉　窟门力士动感强烈

子孙殿正壁造像

子孙殿被盗后追回的佛像

　　从廊下顺台阶而上，即可进入子孙殿。这是石马寺三块大石的第二块，在这个崖面上有 1 个石窟，26 个造像龛，左面两龛，是北魏时期的作品，其余都属于隋唐时期。1997 年这里的佛头曾被文物贩子偷去，后被追回。此殿香火旺盛，十分灵验，拜佛求子的人们往往如愿，所以人称"子孙殿"。前来上香敬佛、求得儿女的香客至今络绎不绝。

　　子孙殿里的石窟是石马寺三个石窟中保存最为完好的一个。窟门长方形，高 150 厘米、宽 140 厘米。窟平面近方形，宽 190 厘米、深 170 厘米、高 200 厘米，平顶，三壁三龛式。窟内造像具有面相清癯、肉髻磨光、肩胛狭窄的特征。正面为一佛二弟子，北面为一佛二菩萨，南面为一菩萨二弟子，窟门柱两侧各雕护

子孙殿北魏石窟造像

39

法力士一身，两个力士造像极有特色，他们头戴菩萨式宝冠，三角帔巾风扬两肩，衣带飘拂绕臂垂于体侧，下着战裙，两腿叉开，左手握金刚杵，右手五指张开于胸前，眉立目竖，肌肉暴突，体现出一种世俗生活的力量之美，一看便知他们应是来自北魏军中的武士，匠人应是以他们为原型而雕刻的。

子孙殿石窟正壁（东壁）造像

窟内正壁为东壁。长方形抹角龛，龛高130厘米、宽110厘米，龛内镌一佛二弟子，主尊像通高125厘米，面相清癯，肉髻磨光，肩胛狭窄，身着圆领褒衣博带袈裟，内穿僧祇支，下着裙，双手残，似施无畏、与愿印，结跏趺坐于长方形佛座上，佛衣覆座两侧，依稀可见，纹饰粗犷，裙裾外摆成锐角直至龛底。右弟子身高64厘米，面相清癯，大耳，左肩斜披袈裟，右肩敷搭一角，袒右胸，内着裙，裙裾外摆，衣纹粗犷流畅，双手合十于胸前，跣足立于圆形高台座上。左弟子风化较甚，已不可辨。

北壁为方形抹角龛，高、宽各130厘米，造像为一佛二菩萨。主尊

子孙殿石窟北壁造像

像结跏趺坐于长方形佛座上，通高125厘米、面相清癯，肉髻磨光，大耳，肩胛狭窄。身着双领下垂式袈裟，内穿僧祇支，腰结带，下着裙，裙裾外摆成锐角覆座，双手施禅定印。二菩萨通高95厘米、身高72厘米，面相清癯，头戴莲瓣宝冠，宝缯翘扬两侧未及肩，帔帛自肩下垂交叉于腹部，腰系带，下着长裙，裙裾外摆成锐角，双手合十，跣足立于出茎莲蕾形圆台上。

南壁与北壁对称，为方形抹角龛，高宽各130厘米。造像为一菩萨二弟子，是石马寺所有窟内造像唯一以观音菩萨为主像的一个组合形式。主像观音菩萨龛高125厘米、坐高90厘米，面相清癯，大耳，头戴莲瓣宝冠，宝缯飞扬垂肩，三角帔帛横肩，长方形佛座，余皆风化侵蚀较甚。二弟子龛高90厘米、身高70厘米，面相清癯，螺发高肉髻，大耳，身披袈裟，双手合十，跣足立于圆形高台座上。

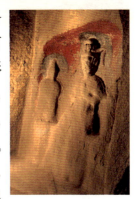

子孙殿石窟南壁造像

此窟东、北、南三壁皆刻三龛共计9尊佛像，环绕着宽绰的进深，形成一个肃穆庄重的佛国世界，人们在寂静之中似闻讲经论道之声。特别是窟门前左右两侧镌造的二力士，面相霸气威严，体态刚强勇猛，极具张力，大有"力拔山兮气盖世"的气势。

佛寺大门一般为三门并立，象征"三解脱门"（空门、无相门、无作门）。佛教中著名的护法二将（民间所谓"哼、哈二将"）分立于山门两侧，英姿飒爽，威风凛凛。此处一窟三龛的立体佛像群加上窟边守卫的二力士，很容易让我们联想起"三解脱门"的典故，也许这正是它的意义所在吧！

（三）北魏隋唐造像并存　主像高大寺中之最

从子孙殿沿右侧行进，便来到了大佛殿，南面石壁是第一块巨石的南崖，长 16.7 米，高 6.8 米，共有造像龛 27 个，石窟 1 个。大佛殿内有凿建于北魏时期的寺内最大的一尊佛像，像的通体历经明代泥塑重妆，现胸部以下泥塑已完全脱落，是典型的北魏晚期造像。

大佛殿南崖造像

其余造像为北齐、隋唐时的作品，题材和内容上依然以一佛二菩萨、单佛、双佛、三佛样式居多，同时加入了金刚和力士的造像。在雕造技巧上与北魏、北齐造像相比其风格已基本汉化，高凸部分转折圆润，低凹部分交接自然，尤其注重人物内心世界的刻画。

大佛殿南崖大佛是这座寺内最大的一尊，佛龛为火焰纹尖拱龛，高 540 厘米，宽 310 厘米。窟内造像是"西方三圣"题材，为一佛二菩萨。主像阿弥陀佛高达 510 厘米，为石马寺遗存佛像中最高大者。佛像通体经后世泥塑重妆，面庞方圆，细眼长眉，鼻梁高直，双唇含笑，两耳垂肩，头顶为螺髻，整个头部细腻、精致而充满光华。在庄严、慈祥的神情中，透露出神圣、超凡和自信的精神风貌。佛像身着褒衣博带式袈裟，裙裾外摆，衣褶稠密，线条流畅，手施

原大佛殿南崖菩萨造像

无畏、与愿印，跣足立于莲台上。二菩萨通高170厘米，头部被盗，身躯清瘦，帔帛在肩部呈三角状下垂于腹前，穿环打结至膝间，裙裾外摆成锐角，舟形背光。右侧观音菩萨右臂上屈，手持宝盒，左手提净瓶。左侧大势至菩萨右手提锁状物，左手持莲花置腹前。二菩萨皆站立于长方形佛台上，煞是文静，煞是优美。此龛造像神情平静朴素，姿态高贵典雅，服饰质感强烈，线条清晰流畅，雕刻十分精细，非常典型地体现了北魏晚期清新典雅的秀骨清像风格。在大佛龛的左右两侧还雕凿二力士，以示对佛法的护持。力士头戴兜鍪，

大佛殿北魏力士造像

43

身穿铠甲，下着战裙，手持金刚杵，为职业军人形象。

无畏印、与愿印是佛教的两种手印。无畏印，右手前臂上举于胸前，与身体略成直角，手指自然向上舒展，手心向外。这一手印表示佛为救济众生的大慈心愿。据说能使众生心安，无所畏怖，所以称为施无畏。与愿印则为布施、赠予、恩惠、接受之印。左手下垂于膝前，掌心向外。象征佛菩萨顺应众生的祈求所做的印相。至于佛和菩萨的形象多跣足者，也是有原因的。一是缘于修行者的清心寡欲；二是显现足下的千辐轮相；三是令见者欢喜。以现代的观念理解，跣足不仅对心智和修行有益，而且对人们的身体健康，也有莫大帮助。

南崖上还有两处属北魏早期造像的窟和龛，风化极为严重，令人异常惋惜，但是我们通过残留的痕迹，还

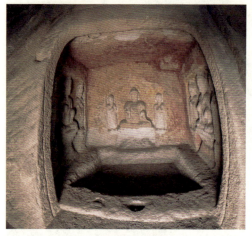

大佛殿南崖石窟造像

能依稀看到雕塑的造型和姿态，感受到它曾经拥有过的美好。

南崖上的隋唐晚期造像也不乏精品，其中一横置长方形尖拱龛，高130厘米，宽200厘米，内雕隋唐时期常用题材"三世佛"，三佛身高均为

大佛殿南崖隋唐三世佛造像

70厘米，头残，着双领下垂袈裟，内穿僧祇支，束结下垂。中佛施禅定印，左右二佛右手平举，左手扶膝，均结跏趺坐于莲台上。佛座

大佛殿南崖隋唐造像

高40厘米，中为六角须弥仰莲座，束腰中部雕一吼狮，虽漫漶不清，但威武上昂的身姿似乎在显示着它不可匹敌的勇猛。两侧还雕刻着两个承托宝座的力士，赤膊袒胸，体态勇猛，十分形象。左右佛座均为仰覆莲座，但已被风蚀剥落不清。南崖其余佛龛造像风格大致相同。多为尖拱顶、内雕一佛、二佛并坐等。但是，这些被格式化、单元化的造像，就内容的表现而言，又独自保留了情理和形式的完整，构成了独立的造像单元，有着独特而鲜明的主题思想。但坐佛的手姿各不相同，莲座的设计丰富多彩，佛龛的方位错落有致。这种统一中的变化、变化中的趋同是此窟在造像形式上突出的美学特征。

（四）蚀化遗存千佛小龛　拱券碹顶建筑奇观

大佛殿的北壁是第二块巨石的北崖。崖面坐南朝北，长7.8米，高4.3米，共有1米以上龛16个，还有89个千佛小龛。属于北魏早期造像的只有位于崖面中心的一处佛龛，龛呈方形，高、宽均70

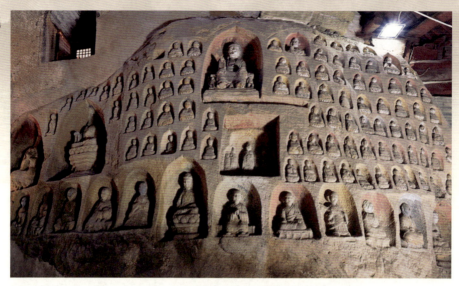

大佛殿北崖造像

厘米，内有一佛二菩萨二弟子，历经风蚀漫漶，细节已不可辨。其
余均为隋唐晚期造像。龛内佛像面目模糊，89 个小龛均为后代泥塑
彩妆，仅余轮廓，实为可惜。

　　在这个窟廊中，我们还可以看到环边墙上保存的五幅明代珍贵
壁画，虽然时代久远，保护不够，变色严重，壁画人物面相已看不
太清楚，但从头部、手势的轻微变化中，仍能感受到人物微妙的动
态，尤其对其面部表情和眼神的刻画表现得神态逼真、栩栩如生，
到了脱壁欲出的程度。

大佛殿明代壁画

更为绝妙的是在大佛殿与子孙殿之间，于明嘉靖年间围绕两块紧挨的巨石依势而建的砖砌拱券蜗牛式碹顶。虽是保护性建筑，但建筑工艺非常精湛，沿着盘旋的甬道可绕至大佛身后，宛转直登巨石之顶。在石马寺石窟上面雕凿着密密麻麻的方形椽梁眼

大佛殿蜗牛式廊庑甬道

和一条条带状流水沟槽，是历朝历代为了保护石刻而凿设的，如此众多的梁眼和流水沟槽，反映了当地人们对石窟的崇敬和呵护之情。沿路两侧密集排列的千佛，将这条漆黑的甬路照亮，此时不禁让人赞叹回想，数百年来我们的祖先怀着怎样无比虔诚的心愿在这样伸手不见五指的地方精心雕凿佛像，他们以无穷的智慧和高超的技艺，使冥顽的石壁化身为美丽神圣的千佛。这处明代建筑的精品，由此被专家称为"中国古代建筑史上的奇迹"。

（五）布局均衡构思严密　造像神态人情味浓

从大佛殿窟廊后绕，是第一块巨石的东崖，崖面坐西朝东，长8.5米，高4.9米，均为隋唐时期的造像。共有造像龛17个，题材为一佛、十六罗汉。

这面崖壁上的造像是整个石马寺造像中布局最为均衡、构思最为完整严密的一组。其中主尊佛造像龛居崖面中心位置，尖拱形，高310厘米，宽180厘米，内雕释迦牟尼佛，结跏趺坐于六角须弥仰莲座上，通高170厘米，头顶螺纹肉髻，面相方圆，两耳垂肩，

47

大佛殿东崖隋唐大佛及十六罗汉造像

身披袈裟，右手残，左手扶膝。须弥座束腰部分雕壶门，舟形背光，背光外围饰火焰纹。

　　乍见之下，佛像褒衣博带，华丽尊贵，气宇轩昂，光彩照人，然而仔细观察就会发现，龛中趺坐之佛，非常人性化，其体态神气，眼、鼻、嘴、眉等主要脸部器官，脱去了北魏时期造像由异族体貌特征抽象化所带给人们的超现实印象，从而更具亲切感。也许隋唐

隋唐大佛像

造像的时代，佛教传入中国时日已久，不免在民间流传中发生种种衍变，造像便渗透着浓浓的人情味道。佛像半睁半垂的眼睛垂怜着悲苦的世人，脸上满是不忍、悲悯、慈祥、关爱的表情。至于围绕着舟形背光的红色火焰，则是缘于一则流传已久的佛教故事：据说释迦牟尼在成佛之后与优楼频螺迦叶在一个有恶龙的石室里斗法。释迦牟尼在夜晚进入石室后，迦叶兄弟先以恶龙攻击佛，又将恶龙变为火龙喷出火焰

燃烧，最后石窟都化为灰烬，可释迦牟尼佛却"身心不动，容颜怡然"。后迦叶三兄弟心悦诚服、均成为佛的弟子。佛像背后冉冉突起的乳头状火焰，有趣地表现了故事的内容，也为这千年古窟增添了一抹神奇浪漫的色彩。

其余 16 龛分置在主佛龛两侧，左、右各 8 龛，分上、下两层，每龛高 100 厘米，宽 70 厘米，内雕罗汉像，形制大小相同。整面石壁刻一佛十六罗汉，形成了一目了然、主次分明、排列有序的一个佛国方阵，以更精炼的手法，更丰富的情态，来表现主题，感染众生，给人以强烈的视觉冲击和美学享受。

关于"罗汉"，民间通俗的理解有"十八"之数，寺庙里常见的罗汉造像也多为"十八罗汉"，此处为何是十六罗汉呢？说法众多。其中一种说法是佛教有大乘、小乘之别。小乘佛教以"阿罗汉"为修行的最高果位，意思是实现自我解脱，跳出六道轮回。大乘佛教传入中土以后，主张跳出自我解放的小圈子，解放全人类，主张苦海慈航，普度众生，成就佛果。既以众生解脱为目标，大乘佛教就要求罗汉长住世间，不入涅槃，济度众生。罗汉从小乘的自我解脱目标中走出之后，担负起大乘赋予的护法弘法大任，佛教中的罗汉队伍迅速壮大，涌现出大批有名和无名的罗汉，通常有十六、十八、五百、八百等名目。"十六罗汉"主要流行在隋唐之前，据《大阿罗汉难提密多罗所说法住记》记载，十六罗汉是释迦牟尼佛的弟子，他们遵佛嘱托，不入涅槃，常驻世间，普度众生。而"十八罗汉"是在唐末由于中国文化对十八的传统偏好，由

隋唐罗汉像

"十六罗汉"演变而来的，后两位到底是谁，众说纷纭，直至清朝乾隆年间，乾隆皇帝认为章嘉呼图克图活佛考证：十八罗汉的最后两位应该是降龙罗汉（迦叶尊者）和伏虎罗汉（弥勒尊者）。降龙伏虎的称谓，具有鲜明的中国元素，再加上是钦定，从此十八罗汉便成为中国佛教的固定模式。现在一般较大的寺院都塑有十八罗汉，且分列在大雄宝殿的两侧。

令人惋惜的是，历经战乱和人间诸多劫难，十六罗汉完整无缺的仅余两尊，其余十四尊均无头。虽然如此，我们仍然可以从两尊罗汉完整的面部表情、无头罗汉们流畅的衣纹、端庄的坐姿、各不相同的手部动作去推想这面摩崖石壁当年的风采。

（六）晚期造像隋风唐韵　莲花佛阵叹为观止

大佛殿后巨石东崖面直对后门，出门既可上至第一块巨石顶端的铁佛亭上，又可沿东面石阶下至大石北崖面的观音殿。观音殿内整个崖面坐南朝北，椭圆形平面，长 10.8 米，高 6 米，共有造像龛 58 个，造像 63 尊，此崖面形制、保存最为完整，较好地体现了石马摩崖造像的整体风貌，区内造像均开凿于隋唐期间。

此崖面最为独特的地方在于：一铺自在观音造像独居崖面最上层龛内，龛高 124 厘米，宽 150 厘米，圆拱顶。内雕自在观音菩萨，菩萨通高 81 厘米，头戴高冠，身着袈裟，袒胸，衣袖贴身，纹饰流畅，右腿弯曲，左腿平铺于地面，左手托地，右手搭于右膝上，手腕自然下垂，造像比例适度，姿态潇洒自如，仿佛独立红尘又飘然出尘，是非常罕见生活化的、有着自由意趣的佛教造像。昔阳籍作家二月河曾撰文盛赞此像："……体态姿势一下子让我想起达·芬奇的速写人物，漂亮优雅极了！我逛过几处寺院，那里人都说他们有座'东方维纳斯'塑像，看了看虽好，却都有点夸张，这个观自在的自由奔放形态——我不说，你自己去看。"著名作家笔下如此美好的"观

观音殿正壁隋唐自在观音像

自在"，虽然经风雨剥蚀已然面相不清，但是轮廓依然清晰，其观感与美学意义足以震惊世人。

在此崖面中心位置有一大龛，尖拱顶，总高200厘米，宽180厘米，是本区最大一龛。内镌一佛二胁侍。主尊佛头部被盗，肩披袈裟，内着僧祇支，胸结宽带，右手扶膝，安详地结跏趺坐于六角须弥仰莲座上。主佛通高163厘米，座高80厘米，佛与莲座比例协调，视觉效果相当舒服。与通常所见佛造像不同的是，佛像头部大致与普通人的视线等高，所以佛像并没有常见那种令人仰视的威严

51

观音殿正壁隋唐造像

与震慑，更没有高高在上、如日在天的疏离感。佛像头部虽然不在，但优美的坐姿和修长的手指，可以想象佛祖慈祥亲切的神态，令人顿生皈依感。造像契合普世的佛法教义，也显示了成像时代所流行的审美观，具有极高的艺术水准。佛像背后是图案化的舟形背光，庞大的背光作为佛现身的背景，衬托出佛的庄严、神圣和伟大。这种象征着万道金光、经过变形、夸张、简略和图案化的背景，已经成为佛像表现的有机组成元素。以神圣的背光辉映佛像悲悯的面庞，于无声处彰显了佛教的双重意义。

摩崖造像有一个普遍规律，几乎每一组佛像都以主佛为中心，在主佛两侧安排一组或两组呈对称状的护卫式佛教形象，以凸显中央主佛。佛教艺术将排列于主佛两边的形象依其身份称之为

观音殿正壁隋唐佛及胁侍弟子像

"胁侍",是菩萨的,就称作"胁侍菩萨";是弟子的,就称为"胁侍弟子";是佛的,便称为"胁侍佛"。作为烘托主佛、处于次要位置的胁侍佛像,大体是对称的,但是于对称中又蕴含着微妙的变化,体现出对称艺术中的不对称美,此处即是一完美的例证。乍一看,左右胁侍头部均已残缺,身着宽袖通肩袈裟,内着裙,跣足立于仰莲座上,似乎是完全对等的形象。仔细观察就可以发现:两胁侍的服饰各不相同,宽袍大袖垂下的衣褶各有其态,实在是除了身高和拱手跣足的姿态外,无一雷同。这些细节处理完美展示了古代工匠严谨的创作态度、高超的造像水平和独具的艺术匠心。可惜的是,本龛内镌刻的一佛二胁侍头部现已遭到严重破坏,往日风采只能意会。

在崖面右上侧,有一处横置长方形的圆拱龛,高100厘米,宽155厘米,内雕一佛二菩萨。主尊佛通高75厘米,座高23厘米,螺发髻,面方圆,广肩胖,身披交叉式袈裟,衣纹向右下倾斜,右手置胸前,左手置于左膝,善跏趺坐于方形须弥座上。左右菩萨通高68厘米,右菩萨头戴花蔓冠,宝缯下垂及肩,脸丰颐,颈饰项圈,腰束宽带于腹前打结垂于脚下,双手持一莲枝,跣足踏莲。莲花在佛教中表示清净的功德和清凉的智慧。它生长于污泥,绽开于水面,有出淤泥而不染的深层含义。再者莲花开放于炎热夏季的水中,炎热表示烦恼,水表示清凉,也就意味着在烦恼的人间,带来清凉的境界。是以通常所见佛像,多坐莲、踏莲,此龛的右胁侍手持莲枝亦同此义。左胁侍双手于腹前握

观音殿隋唐一佛二菩萨像

一法器，衣纹成弧状，跣足踏莲。法器是实践佛道的器物，同时也是佛教礼仪与佛法生活的器具，与修行相合为一。法器有多种，左胁侍所持为何物，此处已漫漶不可见。

在此崖面上还有一龛内雕两尊佛像，除手势外几近一样，难分彼此。这样的组合既称"二佛并坐"，又称"释迦多宝对坐像"，这是唐代石窟造像中经常出现的一种佛教景象，和当时唐高宗与武则天共称"二圣"以及武则天为弥勒佛下凡正相吻合。释迦多宝对坐像高均为77厘米，座高22厘米，佛像面部虽然漫漶不清，但依稀可见脸庞方圆，鼻梁高直，

观音殿隋唐释迦多宝对坐像

双唇含笑，两耳垂肩，在庄严慈祥的神情中透露出神圣、超凡和自信。右佛呈吉祥式跏趺坐姿，施禅定印，表示释迦牟尼佛进入"静思维"修行状态；左佛施说法印，结跏趺坐于方形须弥莲座上。

关于在摩崖造像中一再出现的一龛二佛，有《妙法莲华经》中的《见宝塔品》可为印证。龛中二佛，一为多宝佛，一为释迦牟尼佛。多宝佛灭度时说：以后如有佛讲说《妙法莲华经》，我的宝塔就会从地下涌出，我将分一半宝座与他共坐。之后，当释迦牟尼佛为僧徒讲说此经时，确如多宝佛所言，地下涌出宝塔，并自然打开，显现多宝佛。多宝佛对释迦牟尼恭敬赞叹，然后让出一半宝座。释迦牟尼佛闻声而入，二佛并坐，成为一种庄严的形象。这个典故为当时石窟的设计者和工匠们所借用，以表达对"永徽之治"的一种歌颂，对"二圣"的最大感恩，真可谓别具匠心。

除上述几铺佛像外，其余佛龛均为圆拱形，高在45—55厘米之间，内雕一佛，结跏趺坐于仰莲座上。整面摩崖石壁由此形成了一

个壮观的莲花佛阵，令人叹为观止。

（七）石壁裸露天光之下　残损石刻微笑永恒

从大雄宝殿出来，右侧有一长廊，廊下为三块巨石中最小的一块，只有一个崖面上有造像。崖面长6.5米，高2.3米，共有造像龛16个。

试斧石正壁造像

与其他几个崖面的摩崖造像不同，该区域所在的巨石，三面融入山体，造像的这一面石壁毫无遮挡地裸露在天光之下，历经千年风霜雨雪剥蚀，已经严重风化。石马山山体本是淡白色的砂岩，颗粒细腻，适于雕刻，但砂岩本身是一种容易风化的岩石，主要由石英和长石两种矿物组成。石马山作为太行山系的一部分，冬春季早晚温差较大，石英和长石按照不同的膨胀系数或胀或缩，导致石英和长石颗粒脱开，岩石破裂松散，很容易成为碎屑。每到夏季，雨水就会沿着岩石的裂隙及砂岩的空隙渗透到砂石内部，导致石壁异常潮湿。如此反复冻结、融化、充水，使砂岩变得疏松，从而使石刻遭到无可挽回的破坏。

不过，来过石马的人，大都会产生这样一种感情共鸣：走近这面石壁，残损的石刻在阳光下迎着人们的目光，缺失了棱角的造像似乎更加的温和、慈悲，使人不知不觉在他面前慢下脚步，内心泛起悲悯。茫茫红尘，人们无不在追求完美。人们寄望于鲜花常开不败、月亮常圆不缺、太阳常升不落，所以花落让人无奈、月晦让人凄凉、黑暗让人恐惧。当你站在这里，胸前双手合十，就会听到冥冥中佛的声音。佛陀似乎张开怀抱，拥抱命运给予的一切。即使岁月的冰霜把一切风化成沙，依然不变的是他永恒的微笑和宽容。

蚀化后的佛像

叁

胜景游览——
小巧玲珑风格异

叁　胜景游览——小巧玲珑风格异

（一）石牌坊

石牌坊

石马寺的石牌坊建于嘉庆十五年（1810），高5米，宽8米，四柱三门式。牌坊通体由砂石雕造，石头卯榫连接，每一构件全由一整块石头建成，坊柱素面雕作，柱头顶部有神兽。神兽传说是一种极有灵性的动物，每天在柱顶上密切关注世间人们的行踪，俗称"朝天吼"，有守望的习惯，被视为上传佛意，下达民情。四根坊柱前后有抱鼓石铁环加固。石牌坊前额中间横枋嵌板上镌刻"凌空结构"四字，两侧刻"西山""朝爽"；后额横枋嵌板上题刻"垂虹跨涧"四字，两侧为"普渡""群津"，画龙点睛地概括了石马寺的建筑方位和结构。站在牌坊前，游客会油然生出一种居高临下、冯虚御风，缥缈于天际云端的感觉。

（二）凤阆桥

跨进石牌坊，踏上"凤阆桥"，直有"凭虚临清流，人在画中游"之感。"凤阆桥"建于乾隆十年（1745），由本县乡绅赵庚捐资修建，是一座连接石马河两岸的单孔石拱桥，全长15米，通高6米，桥面

宽 5 米，全部由条石铺
筑。两侧设望柱和石栏
板，柱头为八角形，栏
板外侧雕暗八仙、方孔
圆钱和梅花瓣，用地栿
石勾栏卯榫连接。站在
桥头，俯视足下流水潺
潺，碧波荡漾，仰望前
方檐牙高啄，兰若耸立，

凤阁桥

环顾四围青山怀抱，一水缭碧。这时耳畔又传来钟磬声和阵阵诵经
声，蓦然间，你会觉得心境澄明，自然而然生发出一种庄严感。

　　石牌坊和凤阁桥集实用性与观赏性为一体，其建筑风格颇受建
筑行家的青睐，历经 300 多年风雨沧桑至今安然无恙，石构技艺令
人惊叹。石牌坊、凤阁桥及桥上石栏板与直通山门的石台阶浑然一
体，相辅相成，成为古代石构建筑的经典，集中体现了石马寺整体
规划的统一性和地形地貌充分利用的科学性。

（三）山门

山　门

　　跨过凤阁桥，沿
着 28 个石台阶拾级
而上，就来到了石马
寺的山门。石马寺的
山门坐东朝西，和一
般寺庙的山门坐北朝
南不同。盖因石马寺
依山而建，为了保证
整座寺庙构建的和谐

弥勒佛

走进
石马寺

统一不得不因地制宜。再者，佛祖居于西方，西天又称极乐世界，光明圣洁，无恐惧烦恼，寺庙坐东朝西，恐怕也暗含有西天朝圣的意味，一举两得，何乐而不为。

石马寺的山门与天王殿合二为一，殿正中供奉着弥勒佛坐像，右手施无畏印，左手持佛珠，笑口常开，目光和蔼可亲。弥勒佛亦称未来佛，相传他是五代后梁时期浙江奉化的契此和尚，长相奇特，两耳垂肩，肚大无比，举止疯癫。圆寂时，端坐在一块磐石上，口念偈语"弥勒真弥勒，化身千百亿。时时示世人，世人自不识"。这时人们才恍然大悟，原来他就是弥勒的化身，从此汉传佛教就把弥勒佛塑成"大肚弥勒"的形象。后来人们之所以把弥勒佛供奉于天王殿，是要给世人一个笑面迎人的姿态，让人一进寺门，便看到他袒露的大肚子和满脸的笑容，会顿悟许多人生哲理。

殿两边供奉着四大天王，俗称"四大金刚"，他们分别是东方手抱琵琶的持国天王、南方手执宝剑的增长天王、西方手缠龙蛇的广

四大天王

韦驮菩萨

目天王和北方手拿宝幢的多闻天王。四大天王手执法器，威风凛凛，共同护持佛法，护佑芸芸众生。

　　弥勒佛像背后是韦驮菩萨像，所谓进门拜弥勒，出门拜韦驮。韦驮又称"韦驮天"，为四大天王座下三十二将之首，后来归化为佛教的护法神。韦驮塑像一般姿势有两种：一为双手合十，金刚杵横在臂弯，表示寺院为十方寺院，所有外来的僧人均可挂单；一为左手握杵拄地，右手叉腰，表示此寺院不接受外来僧众，外来僧人只要一看韦驮像，不用开口，便可得知。

（四）钟楼与鼓楼

　　进入石马寺山门，左右两侧各立一座重檐十字歇山顶楼阁式建

钟　楼

鼓　楼

筑，南北对峙，雄伟壮观。左曰钟楼，右曰鼓楼。钟楼一层顶部悬挂新铸铜钟一口，仿照原钟楼内已毁的铁钟设计，高 1.5 米，口径 1 米，重 1500 斤。每值深秋，钟上会蒙上一层白霜，叩击声震数十里，令人肃然起敬，故有"石马霜钟"之美称。鼓楼内安放着一面牛皮大鼓，与钟楼一起成为寺院"晨钟暮鼓"的祈福之地。

寺院早晚敲鼓，与钟声相互应和，早上先敲钟，后击鼓，晚上先击鼓，后敲钟，为寺院僧众发送作息号令。同时香客也可拾级而上，登楼击鼓撞钟，祈求福祉，共沾法喜。

（五）大雄宝殿

穿过山门，映入眼帘的是石马寺的主体建筑大雄宝殿。大殿的匾额由中国佛教协会原会长赵朴初先生亲笔题写，四个大字遒劲有力，结体饱满。大雄宝殿重建于宋代熙宁年间，元、明、清各个历史时期都有过修葺，2004 年又进行了大修。大雄宝殿依山而建，把

大雄宝殿

木构建筑和石窟造像巧妙地衔接在一起，浑然天成，相得益彰，石窟非以此殿而不得保全，大殿非以此构而不显庄严。殿顶排水系统设计得十分巧妙而科学，檐石相接，渠檐相连。每逢降雨，山上雨流如注，而殿内滴水不漏，不能不称为建筑奇观。此外，大殿里有一根被喻为千古奇观的"木渣枋"，该枋形似刨花皮，相传为鲁班爷用锯末面、木渣屑糅合而成，却历千百年而不摧，反映了我们祖先高超的建筑技艺。

大雄宝殿内，共有一窟，两大龛，46个千佛小龛，35个供养人像，俱为北魏年间创作的摩崖造像艺术珍品。石马寺所有石刻佛像在明清时期都曾进行过泥塑翻新和彩绘，大佛身上石孔就是为了泥塑时挂泥彩绘所作，我们随处都可以看到泥巴脱落后佛像上留下的痕迹。而在石窟上较大的圆形和方形孔，则是为了保护佛像不被风雨侵蚀，人们在石窟外修建窟檐，用来固定梁架时雕凿的。但随着寺庙落成后，窟檐已失去了作用，就在石壁上留下了或圆或方的孔洞了。在我国，这种殿依窟而建，窟依殿而存的建筑也实属罕见，而石马寺却比比皆是，尤其像大雄宝殿这样宏大的建筑，集中体现了石马寺寺庙建筑特色，也为众多遗存古代石窟造像的保护工作提供了很好的借鉴。

殿门前，一对石马分列左右，相传由唐太宗李世民所赐，也是石马寺的由来。有关"石马"的神奇传说还有不少。据传这对石马，每逢阴雨天气，口中就会吞云吐雾，这就是"石马寒云"的通常说法。由于石马寺景色秀丽，不少文人雅士留诗赞美，明吏部尚书乔宇诗云："沾岭南来是此峰，峰头雪气护寒冬。天低远岫林俱瞑，日堕阴崖雪半封。"傅山亦有诗称道："佛阁高寒兴不胜，溪流洗耳带松声""龙钟不卦方山面，单了寒云石马缘"。"石马寒云"一度成为昔阳古八景之冠。

（六）菩萨殿

菩萨殿

大雄宝殿左侧配殿为菩萨殿，内供文殊和普贤两位菩萨，是释迦牟尼佛左右胁侍。文殊位列诸菩萨上首，侍佛之左侧，头戴天冠，身披璎珞衣着，双手合十，安坐在青狮所驮莲花法座上，慈祥静美中尽显庄重，尊号为大智文殊，山西五台山为其道场。普贤菩萨侍佛之右侧，头戴五佛冠，身披袈裟，结跏趺坐于一头白象背上的莲花台上，性善温顺中带有威灵，尊号为大行普贤，四川峨眉山为其道场。

文殊菩萨

普贤菩萨

（七）客堂

大雄宝殿右侧配殿是客堂。客堂是寺院接待四方客人的场所，集外交、内务于一体。客堂还接送方丈手谕的牌告，及时传递着寺内的信息。每天，大批观光旅游、朝山拜佛的团体和请僧众为亡人做佛事

客　堂

的斋主来到寺院，客堂都要派人接待、导游、办理食宿和佛事手续。外地的云游僧来寺院挂单，客堂即办理挂单事宜。若来者是一位有名气的僧人，则领到后院的"僧房"，吃住都由照客侍候。

（八）子孙殿

子孙殿傍于石马寺三块巨石的第二块，在这个面上有一窟，26龛，有北魏时期的造像，也有隋唐时期的石刻。由于此殿的石窟里有石马寺唯一以观音菩萨为主尊像的"一菩萨二弟子"组合，而且民间很多

子孙殿

不能怀孕的妇女，至诚恳切来求拜观音菩萨，菩萨慈悲为怀，都令其心愿满足，乃至有了"送子观音"的说法。香客们常到此殿拜佛求子求孙，十分灵验，香火也很旺，所以又称"子孙殿"。如今，上香敬佛的游人还沿袭着在此殿许愿，能求得子女的信仰。

（九）大佛殿

大佛殿在石马寺建筑中极有特色。该殿兴建于明嘉靖年间，构筑于两块巨石之间，是随形而建的砖砌拱券蜗牛式廊庑。虽属保护性建筑，但建筑工艺之精巧，堪称我国明代建筑的精品，殿内有石马寺摩崖造像中最大的一尊，其主像高5.1米，宽3.1米，凿建于北魏时期，大佛殿因此而得名。

当你踏进大佛殿，拜罢弥陀佛、观音菩萨和十六罗汉，用心领略这座迷宫般的殿堂，那种神秘、那种超脱之感油然而生。在大佛殿与子孙殿之间，围绕两块巨石随形而建的砖砌拱券蜗牛式碹顶，

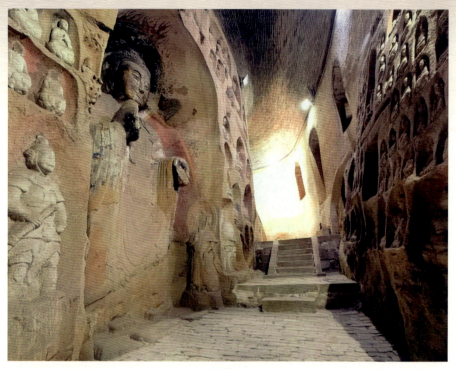

大佛殿

从内部看既像北方民居的青砖窑洞，又像穆静凝重的地宫，更像是披着多彩的蜗牛壳子，砖石的痕迹就像是蜗牛壳子上的斑斓印痕，沿着盘旋的甬道前行，就如在蜗牛的壳子中间行走，两侧密集排列的千佛小龛和绝妙天工的明代壁画将这条漆黑的甬路照亮。虽然这些作品的匠师名不见经传，可他们留下的艺术杰作却魅力无穷。

精美绚丽的窟内壁画，为明代画师之作。如今虽已年久剥落不清，但也能从中看出画师们的墨彩功力，不失为艺术珍品。在佛像背光和龛楣周围彩绘的许多精美的飞天、流云、火烧等装饰性图案，线条流畅，立体感强，呈现一种满壁风动的效果，衬托出窟内造像

的庄严和神圣。环外壁的五幅护法神，人物表情细腻入微，点睛传神达意，服饰色彩艳丽，灵动自然，线条柔和挥洒自如。这种寓静于动，寓变化于统一的构图法则，通过画师的寥寥数笔活生生地展现出来，人物的内心世界跃然壁上，有一种脱壁欲出的感觉，显示出运思之精巧，技艺之卓绝，堪称明代优秀的民间壁画精品。

（十）铁佛亭

铁佛亭

铁佛亭又叫六角亭，得名于亭中以前曾供奉的一尊铁佛，抗日战争时期，铁佛被熔炼，化身手榴弹，为守护一方贡献了全部。今天，虽然佛去亭空，却是游人登临送目，凭栏远眺的消闲去处。铁佛亭矗立在石马寺最高处的石岩上，游客顺巨石凿出的台阶攀援而上，达于亭中，俯瞰四周，可尽览石马寺全貌。铁佛亭的构筑十分精巧，巨石为基，砂石作柱，重檐叠脊，六角攒尖。上下两层中空通透，凌空独立，每逢雨季到来，尽可领略山雨欲来风满楼的独特感受。那时，雨幕低垂，穿亭而过，似龙吟，如虎啸，再看石马峡谷，云自寺中涌，雨从山边生，"石马寒云"的旷世奇观尽收眼底。云销雨霁，亭外炎炎烈日，亭内徐徐清风，于卧栏上舒身小憩，再饮上几口从圣井里汲来的清凉泉水，顿觉神清气爽，旷然心怡。

（十一）观音殿

观音殿

观音殿建于铁佛亭南侧石山下，居石马寺最清静安闲之处，看起来像极了我们普通民居的四合小院。四周建屋，风通气达，绿树青山，相互掩映，静谧安闲，香客云集。游人至此小憩，有良辰美景可赏可观，有甘泉清茗可品可尝，有金钟玉磬可聆可听，你会有一种远离尘嚣，超然物外之感。走进观音殿，一尊观自在菩萨造像于石龛中半坐半卧于莲花台上，既无法器随身，亦无童子相伴，身侧后倾而托臂支撑，腿弯曲置于座上，飘逸潇洒，姿态悠闲，在石马寺造像中极具特点。正如二月河先生在《昔阳石马寺》中所言："身体微斜，一手支地，体态姿势一下子让我想起达·芬奇的速写人物，漂亮优雅极了！"

（十二）药师殿

药师殿位于大雄宝殿左侧，是石马寺保存比较完好的一座殿，与观音殿、关帝殿共同形成一个四合院。药师殿内供奉药师佛，日光菩萨和月光菩萨分处左右两侧，合称"药师三尊"，亦称"东方三圣"。药师佛为东方净琉璃世界教主，有药师琉璃光如来、净琉璃医王、大医王佛、医王善逝、十二愿王等不同称谓。传说，他曾发过十二大愿，立志为众生医治病苦消灾延寿，满足众生的一切愿望。民间善男信女供奉药师佛，念其

药师殿

名号以免除种种疾病痛楚。相传石马寺僧人医道十分高明，全靠药师佛庇荫。因此石马寺香火大盛，至今善男信女到石马寺叩拜药师佛，保佑身体康健者络绎不绝。

（十三）关帝殿

关帝殿位于院落西侧，俗称老爷殿，与药师殿同为宋代所建。关公名羽，字云长，蜀汉名将。他为人忠厚，义薄云天，后世逐渐被神化，成为忠义、武勇的化身，民间尊其为"关公"，历代朝廷多有褒封，清代奉为"忠义神武灵佑仁勇威显关圣大帝"，崇为"武圣"，与"文圣"孔子齐名。道教将关公奉为"关圣帝君"，即人们常说的"关帝"，为道教的护法四帅之一。佛教在中国不断普及后逐渐民间化，融合各种信仰，也把关帝当作崇拜的神祇，称为"伽蓝菩萨"。关帝文化成为儒、释、道三教合

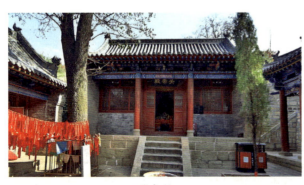

关帝殿

一的历史见证。所以，关帝在石马寺中被供奉祭祀也就不足为奇了。

（十四）地藏殿

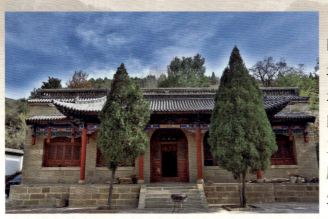

地藏殿

地藏殿俗称阎王殿，供奉的是地藏菩萨。石马寺地藏殿建筑独具匠心。该殿面阔五间，进深三间，殿高五米，整体建筑外观和其他殿宇基本一致，当你走进殿内，才会发现整个建筑全由砖石砌碹，无一木一钉，顶部一大拱和五小拱衔接自如，支撑着整个殿顶，所以当地人称它为"无梁殿"，也叫"无量殿"，以取"佛法无量"之意。像这一造型奇特、风格迥异的砖石拱碹大殿，在当地十分罕见，是不可多得的古建筑珍品。

"地藏"是梵文的意译，"地"指大地，"藏"有含藏、伏藏意，"地藏"即指如同大地一样，含藏着无数善根种子。《地藏十轮经》称其"安忍不动犹如大地，静深虑密犹如地藏"，前句取"地"，后句取"藏"，即为"地藏"。地藏有一美称大愿地藏菩萨，与大智文殊菩萨、大行普贤菩萨、大悲观世音菩萨并称佛教四大菩萨。地藏菩萨的大愿就是："众生度尽，方证菩提；地狱不空，誓不成

地藏王菩萨及十殿阎君

佛。"如是看来,石马寺把地藏殿建成无梁殿,宫深壁厚不无用意,亦可体现设计者宣扬佛法的良苦用心。

地藏殿迎面是通贯南北的佛台,佛台上除供奉地藏王菩萨和闵公、道明父子外,完全按中国人对佛教地藏的理解,在左右两侧供奉着十殿阎君,他们分别为秦广王、楚江王、宋帝王、王官王、阎罗王、卞城王、泰山王、都市王、平等王、转轮王。地藏殿的整体布局体现了佛教传入中国后与土生土长的道教不断交流融合,把凿枘不合的两种哲学熔为一炉。

(十五)地道

石马寺地下有一条横穿寺院南北的地道,地藏殿是寺内地道的唯一进出口。石马寺的地道为何而建?有的说是为躲避战乱,有的说是为储藏经书,还有的说是为闭关辟谷修行,也有的说是为建十八层地狱。众说纷纭,需要我们慢慢去考证。当游人在地道中行走,忽而遇窟,三世诸佛端坐坛内;忽而见龛,造像万千神态各异;忽而隐幽,洞窟叠见神秘深邃;忽而透亮,直通悬崖凌空壁立。一路曲折坎坷,光明隐晦,不也象征着漫漫人生路上的忧乐悲喜吗?

地 道

(十六)地窨院

地窨院原是石马寺僧众的住所。此院地下有藏经窨,地面则是典型的北方院落。两孔窑洞,向阳而建,小院方方正正,院内形成的小气候,冬暖夏凉,通风防潮,宜修宜居。地窨院还有一奇特之处,

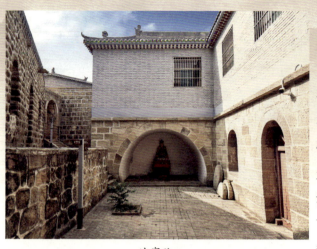
地窨院

至今仍是不解之谜。院内四壁井然，台阶拔地，却没有一个下水道。然而雨季来临，任你瓢泼倾盆，大雨如注，地面却是积水皆疏，滴水无存。可见地下有一套科学而神秘的排水系统。地窨内，通风阴凉，干湿适中，所藏经卷既不会因干燥而折损，又不会因潮湿而霉变，是一个水火不侵、神奇隐秘的藏经宝地。

（十七）鲁班殿

鲁班殿位于试斧石的正对面，是为纪念鲁班而建。相传，石马寺的主要建筑均由鲁班所建。大名鼎鼎的石马寺"木楂坊"传说就是由鲁班所献，而"试斧石"

鲁班殿

更是留下了一段关于鲁班的神奇传说。鲁班为战国时期著名工匠，为泥木工匠之鼻祖，被后人奉为"万代工师"。我国建筑行业的最高奖就命名为"鲁班奖"。两千四百多年来，人们把古代劳动人民的集体创造和发明也都集中到他的身上。因此，有关石马寺和鲁班之间各种奇妙传说，实际反映的是昔阳劳动人民高超绝妙的工匠技艺和集体创造的无穷智慧。

（十八）试斧石

在鲁班殿的右侧，横卧着一块巨石，此石是石马寺石窟造像三块巨石之一，巨石上的摩崖造像已被雨水浸蚀风化得面目全非，但引人注目的是石壁上有一道自上而下如似斧劈的深刻裂痕。关于这道裂缝，本地流传着一则饶有趣味的民间传说。建殿之初，很多工匠随身带的工具都磨钝了，大大影响了工程进度。有天晚上，为此事愁得夜不能寐的工头忽然听到屋外传来霍霍的磨刀声。借着月光往外一看，一个大汉正在月光下磨刀。许是被

试斧石

工头的目光惊扰，许是刀已磨好，大汉站起身来，一言不发把手里的家伙朝身后一甩，一道白光闪过，山壁竟齐展展地裂了一条大缝！大汉就此不见。第二天上工的时候，所有工匠都发现自己的工具变得锋利无比，不由得大为惊讶。工头把夜里所见的怪事告诉寺里的僧人，僧人说这是鲁班爷亲自前来为你们磨斧了！那块有一道裂痕的巨石，从此就被称为"试斧石"。每逢雨季，那条石缝就成了绝佳的水道，崖顶上的雨水顺此泻下，有效地避免了对石刻造像的冲刷。人们也由此理解了鲁班爷的深意，都说若非鲁班试斧，这面石壁早就毁完了！

（十九）文物陈列室

文物陈列室

　　文物陈列室是 2012 年为了保护石马寺现有的文物而新建的仿古式建筑，面积 100 多平方米，重点陈列着旧时石马一对，为砂石雕刻，已有上千年历史。石马雕刻精美，栩栩如生，是石马寺神妙奇幻的缩影，更是石马寺兴衰沉浮的历史见证。紧挨石马的便是昔日的"木楂坊"原件。"木楂坊"其实是一根殿内大梁，因外貌粗糙，形如木渣而得名。占据陈列室主要地位的为数十幢石碑、经幢和墓志等石刻文物。其中两块碑价值极高。一块是《石马寺造像记》，由本县清光绪举人王谷撰文并书丹。王谷早年留学日本，取得明治大学法学学士后回国，曾任贵州高等检察厅厅长、吉林高等审判厅厅长等职，1955 年病逝于台湾。王谷还是民国时期著名的书法家，其书"隶二籀三六朝五，金肉石骨瓦当神"，具有高超的艺术价值。该碑详细记载了石马寺石窟造像的尺寸和数字，是了解石马寺造像的珍贵史料。碑阴为清康熙十四年（1675）乐平知县王祚永撰文并集李邕（唐著名书法家，善行书）字书写的《石马寺钟自鸣记》，极具风采，颇见特色。清初集唐字作碑文十分罕见，比较珍贵。第二块碑为清康熙

石马寺钟自鸣记碑
拓片（局部）

王谷石马寺造像记碑
拓片（局部）

王祚永游石马寺碑
拓片（局部）

十四年（1675）乐平知县王祚永作诗《游石马寺》并书丹，其草书流美，颇有怀素韵味。

（二十）僧房与斋堂

石马寺的僧房与斋堂原是方丈院内的石窟洞，后因佛事增多和旅游发展的需要，于 2012 年新建了一座两层仿古硬山顶式建筑。一层为斋堂，二层为僧房，紧邻寺院，独立成一处幽静院落。

僧房与斋堂

青砖灰瓦，竹篱茅舍，中有奇花异草相互掩映，又有玉兔、白鹅点缀其间，形制虽小，巧构无比。实有"曲径通幽"之妙趣，更兼"禅房花木"之深邃。走进院中楼下，如同走入经卷的字里行间，静谧安详，一步一景。粉墙、黛瓦、石阶有着自然的律动，在四季

75

变迁中流转着禅意。端坐蒲团，听晚风吹过空谷，看僧侣虔诚祈祷，这里成为寻求内心宁静的旅客们心灵的港湾。

（二十一）方丈院

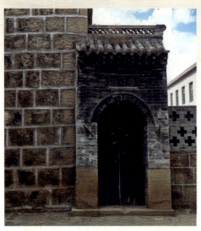

方丈院

方丈院位于僧房和斋堂之后，坐东朝西，主室为靠山式六间石窟。方丈室是佛寺住持居住和说法的处所。据《维摩诘经》记载，道高德超的维摩诘居士所居住的寝室，四面各长一丈，即面积只有一平方丈，然而其容量却是无限的，因而禅宗寺院就把寺院住持住的房间称为"方丈室"，方丈室所在的院落为"方丈院"。室内供佛祖释迦牟尼，佛像庄严慈悲，金光熠熠，法器整严，金声玉振，檀香缭绕，祥云缥缈，静坐蒲团，听经诵佛，给人以静谧庄严之感。方丈室左右两侧，各有配房数间。

（二十二）法堂

法堂亦称讲堂、经堂，为演说佛法、授戒、做佛事的重要场所。此堂外观呈五孔石碹窑，砌筑精巧，与方丈院连为一体。堂内五孔相通，古朴新颖，色彩斑斓，金碧辉煌。法堂内塑三世佛，正中释迦牟尼佛，左为东方药师佛，右为西方阿弥陀佛。

法堂

西方三圣像

堂内设说法座，座前有讲台，左右置钟鼓，下设香案，两侧分列听法席位，广大信众在台下洗耳恭听大师讲经说法。

（二十三）大戏台

石马寺的大戏台背靠龟山，面对龙山，处于石马寺的中轴线

大戏台

上，和"凌空结构"石牌坊遥遥相对。现在的大戏台在原戏台的旧址上新建而成，宽三丈余，进深三丈余，是一个方方正正的仿古建筑。处于龙、龟二山边缘的大戏台好像是沟通释、道两教的一座桥梁，将二者有机地联系在一起。每逢庙会，台上生旦净末唱念做打，演古绎今，台下士农工商熙来攘往，雅俗共赏，真是一幅歌舞升平、繁华匝地的太平盛世图景。

大戏台内雕梁画栋，装饰精妙，内台结构匠心独运，别具一格。"出将""入相"处一排做工精细的木棂窗隔断把前后台分开。后台随石崖而建，分上下两层，下层供演员化妆打脸，上层供演职人员安寝休息。从戏台南侧的石台阶可直通二层厢房。地形的巧妙利用，设计的奇思妙构，把大戏台装点得美轮美奂，气象恢宏。

（二十四）龟山牌坊

石牌坊

龟山牌坊建于2005年，为一间二柱冲天式，青石雕作，方柱抹角，柱顶雕刻有二龙戏珠，坊前额刻"紫气东来"，后额刻"福地洞天"，高度概括了龟山自然景观和人文景观的独特内涵。

（二十五）大王庙

大王庙建于石马寺中轴线上，坐西向东，和铁佛亭遥遥相对，从古戏台南拾级而上便可进入大王庙，那台阶就像一架天梯，一直从山下架到半山，仿佛要把滚滚红尘里的俗人接引到那无忧无虑的清净世界。大王庙建筑的独特之处在于崖中有殿，殿中有崖，殿外柱、檐、拱、斗样样齐全，而殿内则无梁无椽无脊，全以自然石崖为顶。这座庙宇供奉的是昔阳流传甚广的五位本地神祇。

胜景游览——小巧玲珑风格异

中间正殿最大，顶部的石崖上隐约可见"苍岩"二字，并有"光绪十年仲夏"字样。供奉的是皋落瓮山大大王显圣、二大王显应、三大王显泽。相传瓮山大王由上天委派，专

大王庙台阶

大王庙瓮山大王

管人间降雨，每遇干旱时，县内百姓都要去皋落瓮山祠进香祈雨，十分灵验。但路途遥远，所以人们就把瓮山三位大王请到了石马龟山来供奉，既方便了百姓，又为石马增添了灵气。

左侧大殿为崔府君（判官）殿。崔珏，唐代乐平县（今昔阳县崔凤垴）人，生前仅为长子县令，但由于为官清正，被后世帝王一路追赠，直至侯公王君。中国古代法治精神的缺失，使得老百姓对刚正不阿、秉公执法的官员产生精神的依赖，衍生出一种"青天"情结。这些官员在死后备受推崇，于是便产生了各种各样的神奇传说。相传崔珏死后到阴间做了判官，"昼理阳间事，夜断阴府冤"。

人们为其建庙祭祀，代代香火不绝。《西游记》《岳飞全传》均有记载。

右侧为狐公大王殿。狐突是春秋时期的晋国大夫、晋文公的外祖父，晋献公派太子申生和狐突征伐昔阳境内的东山皋落氏，命其将皋落氏部族赶尽杀绝不留一人。狐突深明大义，劝申生只擒首领，而保全百姓。昔阳人民对其感恩戴德，为他立庙祭祀，世世供奉。

崔判官

狐 突

（二十六）神龟崖

从大王庙右侧台阶攀起，出了后门，有一石崖横空秀出，状如神龟欲升于天。厚厚的龟背上，其平如掌，层叠如台，上面凿有坐台和幢幡插孔，巧若天造。传说，过去道士曾在此块石头上与对面的僧人辩经说法，观景吟诗，也叫讲经台。站在此处，依山傍水沐浴在道道"圣光"之下，祥云缥缈，香烟袅袅，情不自禁高声长啸，声音在松涛中穿越，山谷间回荡，余音绕耳，经久不绝。不是仙境，胜似仙境。

神龟崖

（二十七）御碑亭

御碑亭

穿越龟山松林，于北麓突现一座古色古香的四角亭，是为御碑亭。亭中石碑高耸，上刻康熙四十二年（1703）寒食皇帝游石马寺赐予乐平县知县马光的一首诗。诗云："何处来春风？淡荡开晴旭。不见杏花红，才逢柳梢绿。"碑为今刻，字系康熙原迹，字体苍劲古朴，功力不凡。此时此地此景正合康熙大帝诗中所言。

御碑亭内蕴数百年风尘阅历，而亭外却苍松翠柏、红叶黄花别是一番风景。右侧，一株龙松参天而立，树冠硕大，遮天蔽日。四周多松柏，于

康熙御制碑

松下石间，一蓬蓬一簇簇的刺梅花儿迎风怒放，把整座龟山点缀得色彩斑斓。阳春四月，沿石马河小溪曲曲而行，花红柳绿，草长莺飞。深秋时节，满山红叶胜火，遍地黄花添香，好一个天上人间的绝色美景。道不尽太行风光旖旎，说不完石马古寺庄严。

81

（二十八）老君台

老君台是石马寺景区新修复的一座道教景观，位于龟山半山腰。太上老君石塑像，由石灰石雕刻而成，他左手捧着金丹葫芦，右手持着炼丹神扇，坐西朝东巍然屹立，俯瞰石马寺全景。老君背后，是《道德经》全文花岗岩石碑。千古名篇《道德经》，教化百姓，善

老君台

化一方，字字珠玑，洞透人生。昔阳盛产煤炭，传说煤炭为太上老君炼丹而成，因此，老君爷成为最受当地百姓崇拜的一位先师老道，也是龟山上香火最旺的一尊神像。游人至此，站在老君塑像前，凭栏远眺，体会着一路游来的兴味；摩石读经，领略着《道德经》里的无上智慧，心中不免会产生一种澹泊宁静、无为而无不为的人生哲学，更能寻找到一种快乐，一种洒脱，一种释然。

（二十九）八卦亭

从老君台沿林间台阶蜿蜒登高，直到龟山之巅，山顶上矗立着石马寺的最高建筑——八卦亭。八卦，是古代中国文化的深奥概念，

是一套用三组阴阳爻组成的形而上的哲学符号。相传为上古帝王伏羲氏"观象于天，观法于地""近取诸身，远取诸物"而作，以其深邃的哲理解释人生百态，宇宙万象。后来在道教

八卦亭

流传过程中，五行八卦与道教的阴阳万物、有无相生相契合，成为道教的理论基础，所以把八卦亭建于龟山的最高处不无深意。八卦亭八柱八檐双层宝顶，正中地上有一个八卦图。道家认为，宇宙从无到有，从无极到元气混一的太极，再生阴阳二气，然后派生天地万物。而道家的政治思想则是清静无为，虽无为而无不为，故不必求神而自神。当你站在八卦图中央环顾四周，极目远望，顿感胸中块垒涣然冰释，豁然开朗，心旷神怡。

（三十）玉皇宫

　　玉皇宫建于龟山南麓，是一幢完整的道教建筑，相比石马寺的小巧玲珑，玉皇宫的建筑显得大气恢宏。山门坐北朝南，城垛式重檐歇山楼阁建筑，高耸巍峨，富丽堂皇，既雍容华贵，又古朴典雅。门楣上塑蓝底金字"玉皇宫"，拱内"青龙""白虎"两尊护法神彩塑端居两侧，威风凛凛。踏进庙门，高大的正殿、宽阔的庙院，一派金碧辉煌。玉皇宫的正殿为三间三进歇山顶建筑，一斗三拱，雕梁画栋。

　　配殿虽是单檐硬山顶，却也自然大方。正殿供奉着天上的主

83

玉皇宫

神——玉皇大帝及其四御（北极大帝、天皇大帝、后土皇地祇和南极长生大帝）。正殿两侧的配殿一边是财神殿，即文武四财神——赵公明、比干、关羽、范蠡；一边是药王殿，即四大药圣——扁鹊、华佗、孙思邈、张仲景。他们都是历史上的正义之臣和为民消灾祛病的贤人。在正殿东西分别建有三官殿和元辰殿。三官殿供奉着为民赐福、解厄赦罪的天官、地官、水官（即古代最有影

玉皇殿

三官殿

元辰殿

响的部落首领尧、舜、
禹的化身）；元辰殿也
叫"六十甲子殿"，殿
内供奉着西王母娘娘、
斗母元君和九天玄女
元君。环殿四周分别
供奉着六十甲子值年
太岁像，拜祭本年元
辰之神，以求消灾免

六十甲子值年太岁像

祸、增福增寿、平安幸福。此殿融合了建筑、雕塑、绘画等诸多美
学元素，具有浓厚艺术价值和宗教文化气息。

玉皇宫建筑精美，选址十分考究。当你漫步庭院，听经声凿凿
入耳，看清风门外相迎。庙门前石马山满坡松柏，郁郁葱葱，而一
棵凤凰松正对庙门，看去既有振翅欲飞之势，又有遮风屏障之功，
真乃神仙居处，传道圣地。

（三十一）三佛崖

在石马寺龟山的山腰间，有三块突兀而出的巨石，远远望去，
轮廓鲜明，神态逼真，形如佛头，自然天成，合称三佛崖。传说佛
祖率弟子下凡讲经，路
过石马寺，有三个弟子
既为石马寺的旖旎景色
所吸引，又为这里虔诚
信佛的人们所感动，不
愿返回，化身为石，常
驻于此。此崖在蓝天白
云的衬托下，越显得神

三佛崖

圣肃穆，令人叹服大自然的鬼斧神工。站在崖下仰望此崖，更使你如临佛境，眼界大开，肃然起敬。

（三十二）皇姑石

戏台右侧，有一块巨石，高丈许，人称皇姑石。相传三皇姑与

道士同时看中石马河西岸龟山这块风水宝地，均打算作为自己修行的道场，于是分别埋下金簪和佩剑以为凭证。道士瞒天过海，将佩剑埋于金簪之下，最终占得先机，在龟山开宗立庙。三皇姑远

皇姑石

走河北苍岩山，在那里结庙修行，以终天年。此后，在修行过程中，道士愧疚之心与日俱增，便在道观旁的山崖上为三皇姑雕凿一龛塑像。谁知三皇姑并不买账，受骗后她一直耿耿于怀，便在一个电闪雷鸣、风雨交加的夜晚，施法拨动巨石，打算将塑像滚到对岸的石佛前。道士急忙用拂尘拦住巨石，并向前作揖施礼恳切挽留。三皇姑回心转意，便把雕有自己塑像的巨石留在龟山脚下。这便是皇姑石的来历。

现在，游客登临龟山，在半山腰向下俯视，依然能看到巨石上的雕像，衣袂飘举，长袖博带，依稀是一女像。一路上，看刺玫花开，听松涛阵阵，再想想佛道相争相让的故事传说，在自然山水之外，平添一种情韵。

（三十三）飞来石

飞来石斜卧于石马寺石窟的左侧，长约20多米，高3米，重达600多吨。远远望去像是"天"字的一撇，由于其孤独矗立在此，如从天上飞来的石头一般，所以人们叫它"飞

飞来石

来石"。这个石头不是一般的石头，据传此石是女娲补天时遗留下来的，不然不会以如此独特的形象出现。这一传说又在一定程度上给这块石头增添了神秘的色彩，使得人们对其越来越好奇。

（三十四）金龟石

金龟石

在石马寺石窟后面，有一块形如乌龟的石头，叫"金龟石"。传说当年此龟住在对面的龟山上，因贪恋石窟内的佛像，想求长生不老，不辞千辛万苦，从龟山爬到此处，结果被太上老君发现，惩罚它的背叛教宗，将其头部斩断，让其永驻在这里。

（三十五）石瀑布

"飞流直下三千尺，疑似银河落九天"。在石马山上有一面如刀

石瀑布

切斧砍的裸露石体，垂直上下，宛如巨大的瀑布。从山顶一直延伸到山脚，长40米，高9米，岩体经雨水多年冲刷，布满了道道褐色线条，形成了条条沟槽，如飞瀑奔流，动感强烈，当地人叫"石瀑布"。大自然的鬼斧神工造就了石马各种奇诡多姿的石造景观，令人目不暇接，叹为观止。

（三十六）龙潭

出石马寺门，沿石马河北行百米处东崖面有一汪清泉形似"龙眼"，积水成潭，四季不涸，故名"龙潭"。若盛夏时节，遍游龟、龙二山，于口干舌燥之时，走出寺门，至于龙潭，掬一捧清凉泉水，一饮而尽，只觉清爽甘

龙潭

洌，沁人心脾。要是资深"驴友"，自备炉具，汲来泉水煮沸，沏茶品茗，临崖远眺，别是一番趣味。

肆

民间传说——

山石花木增灵气

肆 民间传说——山石花木增灵气

（一）佛道争地

石马寺风景优美，是块风水宝地，历史上佛、道两家都在此建寺修庙，并以河为界，形成了佛、道各占东西的格局，传说曾有过佛、道争地的一段故事。

相传隋炀帝的女儿南阳公主（又称三皇姑），看不惯其父专横跋扈、荒淫无道，离宫出走，遁入空门。她遍访名山秀水、钟灵之地，最后来到了石马山。看到这里山不高却秀雅，溪不深却清洌，林木葱茏，山花烂漫，特别是这里又有北魏时期的摩崖石佛，遂生在此建庵立寺之念，惜石佛周边已有高僧立寺在此，不便建庵，于是看好对面龟山，便在龟山顶上长满芍药的一块空地中找到正穴地，将头上的一枚金簪埋下作为记号，以防被他人所占，打算等银两凑足，择黄道吉日再开工修建。

真是无巧不成书，就在三皇姑离开没几天，北岳恒山黄进道观元贞道长也来到了石马山，看准了这块风水宝地，他也上到龟山顶，正准备将佩剑埋在正穴地作为记号时，忽然从背后传来一个砍樵老农的声音。老农笑嘻嘻地说："别费事了，道长，我知道你要干什么，前几天，有一位服饰华丽的贵妇人已看好在这里建庵出家。""何以见得，老施主？"元贞道长恭敬地问道。老农说："我前几天在此处砍柴，亲眼所见，亲耳所闻的。"

听了老农之言，道长犯难了，好不容易才找到这块风水宝地，不想已有人捷足先登了，这该如何是好？思来想去，他还是要占据此处。等老农走后，他动手挖开正穴，准备将佩剑埋下，但刚挖不深，一枚金簪露了出来，他恍然大悟，老农说的果然不假。怎么办？忽然计上心来，他先把金簪挖出，又将土坑往深里挖了挖，把佩剑埋在坑底，少填了一层土，再把金簪放于土上，最后将土坑填平，弄成原来的样子。做完这些之后，道士便开始张罗造观建庙之事。

这一天，元贞道长正在指点工匠凿岩修路，忽见一位贵妇带着一群工匠疾步走来。贵妇到现场目光轻轻一扫，便对着元贞道长说："敢问道长，你们这是干吗？"元贞道长拱手说："奉告施主，道家是在这里造观建庙。"妇人一听大为惊讶，她急忙说："此宝地我早已选定，你还是另择别处吧。"元贞便说："施主说早已选定，有何见证？"妇人说："我于数日之前已在这里埋下金簪，如若不信，请你来看。"说着就令人掘开土穴，取出了那枚金簪，妇人说："这下你该相信了吧？"看着金簪，元贞淡淡一笑说："请你再往下挖挖看。"妇人看着元贞胸有成竹的样子，便对手下人说："再往下挖挖看看有何机关。"下人依言行事，又挖出了一把佩剑。此时只见元贞慢慢地说："道家已于半年前选择了此地，并埋下了一把佩剑以做记号。得罪了，施主。"看着眼前这一幕，又听了元贞的说明，三皇姑

皇姑石

羞愧哑然，便收好金簪，悄然下山而去。

后来，三皇姑选择了风景秀丽的河北苍岩山建庵出家。

再说元贞作为得道之士，做了这件亏心事之后，一直受到良心的谴责。愧疚之感与日俱增，故在道观建成之后，在道观的旁边为三皇姑凿了一龛塑像，以示求得恕罪。可三皇姑并不买账，仍因当初的受骗而耿耿于怀，发誓绝不留像于石马龟山，与道同伍。于是便在一个电闪雷鸣暴雨滂沱的夜晚，用一股灵气拨动巨石，塑像轰然滚落山下，准备滚到对面的石佛面前。正当皇姑造像巨石跌下山根之际，心念一动的元贞道长急忙奔出道观，于电光石火之间，用手中的拂尘将皇姑石拦住，深施一礼，真诚挽留，并许诺待天晴之后，在此建一座佛道讲坛，和谐共处。此时，三皇姑感于元贞诚心挽留，便收了法力。

这块巨石便是现在人称的皇姑石，上面三皇姑的塑像清晰可见，道长的拂尘长成了岩旁的树木，将皇姑石团团围住。后来又由元贞道长出资在这里修了座被后世传为佳话的佛道共处的大戏台。戏台上从古就标有"和谐"二字，由此佛道相争演变为佛道和谐共处的一段佳话。

（二）仙人对弈

在石马寺旁边，有一块大石头，平顶凸立，状如石桌，上刻有棋盘，人称"棋盘石"，与这棋盘石相关联的一段传说在民间广为流传。

很久以前，附近村里一个羊倌因寻找丢失了的羊羔，进入此地，他穿过树林便看到两个童颜鹤发老者在此下棋，羊倌提着羊铲近前向老人打探羊羔下落，老人都摇头说未曾看到，羊倌却被棋局吸引观看起来。棋下和了，两位老人起身离去，羊倌也回身去拿羊铲继续找羊，不想那羊铲竟已朽如泥渣一般。羊铲是在昨天刚刚新换的，为何成了这样？羊倌心生疑问，找羊未果天又快黑了，只好回家。走到村口，羊倌愣在那儿，村子大变模样，连回家的巷子路也找不到了。他向路边的人说起自己，可人们根本不认识他，只说传闻百余年前村里一个放羊人进山找羊便再也没有回来。见他这般模样，便问："莫非你就是那人？"羊倌这才意识到自己因找羊走入了仙境，想必两位下棋者就是仙人，要不怎么他只看了一会儿棋，羊铲也烂了，村子也变了？俗话说神仙眨眨眼，地上几十年！这就是石马寺"棋盘石"的来历。

（三）石龟护佛

相传距石马寺不远的田川村，有一个烧饼铺，掌柜姓朱，开店以来每天都会见一位自称石马寺僧人的人来吃烧饼，每次吃完总是赊账。时间一长，朱掌柜老婆便忍不住了。朱掌柜是个信佛之人，劝老婆不要着急。但后来自己也有了疑惑，便到石马寺去打听，结果寺里从未听说此人。朱掌柜觉得奇怪，以为自己前世触犯神灵，老天让此人惩戒自己，夜里便跪在佛像前诉说了真情。

石龟护佛

过了数日，那人又来店里吃烧饼，吃完还是赊账。朱掌柜没有计较，待那人走后便悄悄尾随在后。此时天色已晚，出了村那人果然朝石马寺走，拐过一道山梁后，天空突然炸响惊雷，那人倏地不见了踪影。在那人消失的地方出现了一块巨石，形状酷似乌龟，紧紧倚在河边。

朱掌柜当天晚上做了一个梦，梦中佛祖告诉他，那块石头就是那位白吃烧饼的僧人所变，本来是让他体察民间疾苦并及时上报佛祖的，没想到他非但不报，反而贪图口福之欲伤害百姓，佛祖听了朱掌柜诉说后，见他还是不改，于是使出手段将他变为一只石龟，让他卧于溪畔，永远用身体阻挡洪水，守护寺庙。这便有了石龟卧溪护佛的传说。

（四）鹰落为石

相传在洪水村一带，常有野狼袭扰村庄。野狼吃猪叼鸡，还偷袭孩童，村民深受其害，曾多次设法捕杀，可狼出没无常，屡屡逃脱。

一天，学堂沟村一妇女抱着未满周岁的婴儿在院里，孩子拉屎，她回屋去拿尿布，就在这一会儿工夫，那野狼蹿进院里叼了婴儿就走。村妇出屋大喊撵狼，可哪里能追上？村妇和邻居眼巴巴看着狼叼了婴儿蹿上山坡。正在这时，一只巨鹰突然出现在天空，继而朝野狼俯冲而下，迎面冲到狼前，用利爪直挠狼眼，狼便丢开了婴儿。老鹰穷追不舍，狼眼被抓瞎，四下乱扑跌下山崖。老鹰返回用双爪抓起婴儿腾空飞起。

追赶野狼的村民目瞪口呆盯着老鹰，只见老鹰在空中绕了一圈，然后款款落下，将婴儿轻轻放到村头的碾台上便消失在天际。婴儿母亲扑向碾台，一把抱在了怀里，只见小孩毫发无损。婴儿两腿乱蹬，噙住母亲乳头吃得好欢。

次日，夫妇俩杀了几只母鸡，来到石马山一侧的老鹰窝，想以此感谢老鹰。可等了许久不见老鹰出现，到下午，夫妇二人捡了小石子朝鹰窝轻轻投掷，想引出老鹰来食鸡，不想这一投出乎意料——石子落下居然发出"琤琤"的响声，如同拨动琴弦。夫妻二人惊诧不已，扭头一看草丛的石头上卓然雄立着一只大鹰——状如巨鹰的一块石头振翅欲飞！夫妻二人惊奇万分，跪下磕头拜谢。后来，人们便在此地修了庙，庙宇屋脊上专门雕有一雄健老鹰，取名"落鹰寺"。

（五）鲁班试斧

相传初建石马寺时，为佛像建造大殿所用木料很多。因山高路陡砍运很不方便，工期紧迫，工地主事很是着急。有天夜里他睡下不久便听门外传来"噌噌"的声音，他悄然起身去看，只见在月光下有

试斧石

一人躬身在磨斧，主事以为是伐木工匠，心里甚是感动，正要上前询问，那人却直起身来，先用拇指试斧刃，然后朝一旁的石头砍了下去，只见火光迸溅，巨石裂开一道缝隙，随后那人却踪影不见。第二天主事便把此事告诉人们，工匠开始不信，可拿出各自斧子去试，却都变得锋利无比。大伙纷纷猜测磨斧人是谁，却不得其解。这时从旁边走来一老僧告诉大家："你们可真是榆木脑袋——那试斧之人，除了鲁班爷还能是谁？"大家听了恍然大悟，无不信服！

（六）鲁班献梁

石马寺的大佛殿正中央，有一根主梁，因其外形十分粗糙且难

以辨认是何木种，人便称之为"木渣枋"，关于它的来历有一段传说。

相传佛像大殿即将竣工的前一天，主梁已经备好，专等第二天

木渣坊

鸣炮上梁。可偏偏头天下午突降暴雨，河水陡涨，大殿下的石桥眼看要被洪水冲垮，紧急关头工匠便将主梁抬去支桥，不料河水太大，木梁竟被冲走！这下急坏了建殿主事，明天上梁岂不因此而推后？临时去砍，哪里来得及！况且道路多被洪水冲断，即使砍下也难运回，主事心急火燎，一筹莫展，夜里辗转反侧不能入睡。

清晨，主事无奈，准备重新上山砍伐大梁，早早进入大殿丈量主梁尺寸，到了一看，大吃一惊：只见一根大梁好端端平放在殿中，原先堆放在地下的刨花皮、锯末面却不见了踪影。主事以为看花了眼，上前去摸，大梁实实在在，用力去推，却觉得比原先主梁沉了好多。只是其外表十分粗糙，难道是地上的锯末面、刨花渣变成？正在疑惑，一道亮光隐隐从背后射来，他侧身一看，是墙上鲁班像前的供灯熠熠发亮。这下主事才恍然醒悟：主梁一定是鲁班爷所献！有了大梁了！鲁班爷献梁了！主事兴奋地呐喊。工匠们闻声，纷纷涌来。当日鞭炮响过，准时上梁，大殿如期竣工。

（七）秸秆挑石

石马寺石窟呈品字形的三块巨石，颇有些来历。早年间，石马村一村民清晨到田里锄草，在直腰擦汗之时，忽见沟里有一老者，白发长髯，肩挑一根细细秸秆，秸秆两头却担着两块半个崖子大的

巨石，步履轻捷从容朝农夫这边走来，边走边哼着一支歌：赤日炎炎似火烧，野田稻禾半枯焦……村民看得发愣，那么细的秸秆何以承受如此重压？老人挑着巨石从村民身边经过时，农夫忍不住脱口而说："那可吃（经受）不住呀。"话音未落，那秸秆"喀嚓"断为两截，两块巨石扑通扑通落下，一块落在北边，另一块摔成两半，分别落在西南两边，老人却不知去向。这便是传说中三块巨石的来历。

（八）石盆献盐

在石马寺门前的巨石上，有一个直径近一米的天然石坑，人们称之为"石盆"。说起"石盆"，这里也有一段故事传说。

当年，石马寺在新建寺庙时，参加建寺的工匠达五六十人，为赶工期，工人们都在工地住宿就餐。做饭的师傅叫来福，是个皈依弟子。他精心调理生活，一心让工人吃上可口的饭菜，建好寺庙，以尽他的一片善心。有一段时间市场上食盐紧缺，到处买不到咸盐。来福师傅非常着急，亲自跑到县城去买，找了一天也没有买到。第

石盆献盐

二天又赶到平定城买，又是空手而归。整整跑了两天，又累又困，夜里赶回寺院，躺在床上为之发愁。突然看见有一位身着袈裟的老者健步如飞，走向寺院门口的巨石，在那里用手指在崖缝中轻轻画了一个圆圈，立刻现出了一个石坑。老人坐在盆前，双手合十，念念有词。不一会儿，盆内便出现满当当的一盆食盐，老者飘然而去。来福惊喜异常，急忙从床上跳下取盐，睁开双眼一想才知是一场梦。

第二天早上，他天不明就起来为工人做饭，可是盐罐内光光的一点盐也没有了。于是想起昨晚之梦，抱着一种试试看的心理，走向寺前的石头上，啊，在那个石坑中，竟然真的满满盛着一坑咸盐！他高兴地脱下上衣，将盐取回，及时为工匠们做出了可口的饭菜。自此，灶上的咸盐一直在这个石坑里取，要多少有多少。直到寺院修成之后，盆内的盐才消失了。从此就留下了"石盆献盐"的故事。

（九）君主赐马

石马寺原名"落鹰寺"，相传李世民在唐朝刚建立时，突厥怂恿刘武周统兵南下，占领了山西的大部分地方。李世民为保全大唐基业，决心率部亲征，在昔阳县境内与刘武周展开一场恶战。谁知兵至赤土坡，因地势不利，李世民兵败而逃。刘武周紧追不放，企图活捉李世民。当李世民被迫逃至沾岭山东落鹰寺附近的山谷中时，猛听背后"嗖"的一声，射来一支箭，他情急之下将头一偏，箭头擦耳而过，不料正中他马头，马应声倒地。这时，眼看追兵步步逼近，怎么办？在千钧一发的危急关头，只见从寺院山门里飞出一匹十分剽悍的红鬃骏马，直奔李世民而来。说时迟，那时快，当那马近到身前，李世民急于逃命，未暇细想，飞身一跃，跨上马背。那烈马一声长啸，腾空而起，如箭驰去。烈马啸声如雷，震得刘武周的追兵纷纷落马，骠骑悍将，人仰马翻。而李世民出田川，过洪水，不到一刻便奔入乐平城，与救兵会合。李世民看到已脱险境，方跳下马来，长出了一口气，正待转身向马致以谢意时，谁知那马早已踪影全无。这时李世民顿然醒悟，一切皆为天意。天不灭唐，才让落鹰寺内神马救他一命。在李世民登上大唐皇位之后，时时想起神马救命之恩，于是差遣大臣到落鹰寺布施重金，并就地取材凿成石马一对，置于大雄宝殿两侧，并下旨，改"落鹰寺"为"石马寺"。

君主赐马

（十）石井圣水

在石马寺南不远处有藏于山间的一眼石井，井水清澈见底，明光如镜。这石井之水，天旱不减，雨落不增，多挑不涸，少挑不溢，夏不升温，冬不结冰。水质十分甘甜，据说喝了之后既安神定心，健胃明目，又能生津降火，除皱美容，故被称作石井圣水。

说到这口石井，历

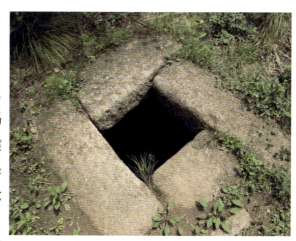

石井圣水

石　蛙

史上还有一个美丽的传说。相传，距这口石井有百里之遥的一个村庄，有一位长得十分丑陋的村妇，丈夫早亡，婆媳相依为命，妇虽丑却极善良，为伺候双目失明的婆婆呕心沥血，艰苦备尝。一日，她听一位挑货郎说，石马寺有一口井，井水能医治百病，于是她便不远百里前来取水，而且日复一日，不嫌其远，不嫌其累。数月之后，婆婆的眼疾果然好转。而丑妇自己也因饮了石井水而变得俊俏起来。这一消息被一个浪荡公子知道了，他心生歹意。这天，村妇又来取水，恶徒欲施暴之时，恰被石马寺的护法神路过撞上，只听护法神大喊一声："好你个狂徒，光天化日之下，竟敢作恶！"随即法手一指，将那恶徒变成一只石蛙，并罚其永远守护圣井。现在，那块石蛙石仍在圣井边上默默地赎罪。

伍

诗文集萃——

文人墨客醉山水

伍 诗文集萃——文人墨客醉山水

（一）石马寺

元·王 构

碧水孤村静，高岩古寺阴。

僧谈传石马，客至听山禽。

杯动疏松影，茄吹空谷音。

夕阳城市路，回首隔丛林。

【作者介绍】王构，生卒年不详，生活年代约在1230—1295年间。字嗣能，号秦溪。元代乐平（今昔阳县）上秦山村人，曾授宁夏路教授，历翰林院编修、吏部主事、官至国子监司业，著有《秦溪文集》。

走进石马寺

102

（二）石马寒云

明·乔　宇

沾岭南来是此峰，峰头雪气护寒冬。

天低远岫林俱暝，日堕阴崖雪半封。

千古按图空作马，万年为瑞合从龙。

因占赵地如牛象，一统山河岂易逢？

（三）石马寺

明·乔　宇

云深山迳失西东，近远川原雾霭中。

天接空门尘不到，云生古洞气还通。

奇游颇解坡仙乐，遐想犹存谢傅风。

欲向禅堂求悟水，谁将浴具焙熏笼？

【作者介绍】乔宇（1464—1531），字希大，号白岩山人。明代乐平（今昔阳）南横山村人，明成化二十年（1484）甲辰科进士，正德六年（1511）升南京礼部尚书，十年（1515）任南京兵部尚书，十六年（1521）任北京吏部尚书，加授柱国、少保、太子太保，谥"庄简"。有《乔庄简公集》传世。

（四）石马寺

明·赵廷松

岩峣峻秀俯堞城，天外三峰削不成。

携手呼朋攀绝顶，林泉密处观园林。

【作者介绍】赵廷松，明代广东省东嘉县人，曾任山西佥事。

（五）游石马寺

明·尚存义

松河一带水悠悠，闲伴同人选胜游。

遍踏名山寻石马，远追仙踪跨青牛。

深岩草色消残暑，高树蝉声报早秋。

龙洞不知归路晚，坐家云起万松头。

【作者介绍】尚存义，河南安阳人。明天启二年（1622）任乐平（今昔阳县）知县。

（六）游乐平石马寺二首

明·傅　山

其一

爱石即欲死，礌砢而扶疏。

沉吟计年代，岂非天地初？

何有于商周，屑屑谈尊壶。

文章落言句，真采日受污。

偃仰玩自然，宝色尝其无。

邱明焚笔砚，经纬省拮据。

雕龙竞藻绘，转眼亦土苴。

云霞幻龙凤，神仙谁窥图？

其二

老櫟顶石出，云雷黑蚪鳞。

寒情拖靭骼，冰霜无枯荣。

黄叶冻不落，风搐金石鸣。

倚薄呋苦酒，衰颜红棱棱。

挲攫恶筋骨，膈臆劳吟呻。

奇语琢肝揭，不扫松下尘。

终供劲卒笑，常谈之老生。

注：诗摘录于《霜红龛集》

（七）乐平游山二首

明·傅　山

其一

佛阁春寒兴不胜，溪流洗耳带松声。

秋容椰栗横檐约，黑石红林产一亭。

其二

十日盘旋沾水边，难销官饼野榠柈。

龙钟不卦方山面，单了寒云石马缘。

【作者介绍】傅山（1607—1684），初名鼎臣，字青竹，改字青主，号浊翁，山西太原人。明末清初的思想家、书法家、医学家。学无所不通，经史之外，兼通先秦诸子，又长于书画医学。著有《霜红龛集》等。

（八）途次逢寒食御制诗

清·爱新觉罗·玄烨

何处来春风？淡荡开晴旭。

不见杏花红，才逢柳梢绿。

【作者介绍】爱新觉罗·玄烨（1654—1722），清圣祖康熙皇帝。此为其于康熙四十二年（1703）驻跸柏井驿（今平定县柏井村）时赐乐平县知县马光诗。

（九）游石马寺

清·王祚永

迢递层峦路可通，到来古寺隐山中。

一双石凿名为马，几度云腾疑化龙。

瑞霭霏霏千壑秀，清风拂拂万尘空。

凭高无限登临兴，宛在蓬莱最上峰。

【作者介绍】王祚永，江南高邮州（今江苏高邮县）人，康熙六年任乐平知县。

（十）游石马寺二首

清·赵岗龄

其一

石马重来又十年，小桥流水尚依然。

白云深处层楼出，一幅画图别样鲜。

其二

山围古寺寺围山，寺里山颠任往还。

老树残碑才阅罢，又从天半觅云关。

【作者介绍】赵岗龄，清代乐平（今昔阳县）人，雍正年间拔贡。

（十一）游石马寺

清·李 榕

六载临山城，匏系如伏蛰。

策骑出南郊，恣意探奇辟。

疏林露古寺，登临随兴适。

长虹瞰巨川，细流穿洞隙。

雪降看云生，崆峒飞片席。

问道扣禅关，石马名其额。

小僧倒屣迎，兰若延乌舄。

依松啜苦茗，清风生两腋。

台榭及神龛，无一而非石。

礼佛沿石磴，尘心愧面壁。

憩息复攀援，石滑足盘躄。

凭高望太行，远烟浮深碧。

千里志徒殷，伏枥堪悯惜。

骎驷困盐车，黯淡房星白。

山月照归途，此中常脉脉。

【作者介绍】李榕，字秀南，江南沭阳人。雍正乙酉拔贡，乙卯举人。乾隆十二年任乐平（今昔阳县）知县。

（十二）游石马寺二首

清·张鹤云

其一

盘谷嶙峋绕翠岑，苍苍古寺白云深。

千般佛像无非石，十亩祇园尽是金。

高卧层楼空俗眼，暂尝清茗净尘心。

就个识得禅栖意，那问沧桑变古今。
其二
胜地由来传石马，而今古刹庆重新。
凌云梵宇浮光迥，映日金身耀彩匀。
资积经年凭募化，工缘阅□毕艰辛。
盛衰递嬗无常理，修葺还须望后人。

【作者介绍】张鹤云，清代乐平（今昔阳县）麻汇村人。乾隆十五年庚午科举人，十九年甲戌科进士，翰林院庶吉士。

（十三）戊寅秋从杨双桥山长游石马寺
清·高　定
石马何年卧古邱，水声山色两清幽。
画图隐跃桥边景，佛像玲珑寺外楼。
啸咏每怀庄简句，追随绝似舞雩游。

开尊爽气凌高座，指点寒云出树头。

【作者介绍】高定，乐平（今昔阳县）河西村人。乾隆三十六（1771）年辛卯科举人。

（十四）石马山房

清·冀起莘

闲庭寂寂避嚣尘，老桧苍松不记春。

流水声中僧入定，晚茶香处鹤迎宾。

山连空霭云飞近，人到忘机鸟语亲。

自是一乡名胜地，寻幽何厌往来频？

【作者介绍】冀起莘，清代乐平（今昔阳县）人，乾隆年间举人，曾任太原县教谕。

（十五）戊寅八月十一日从杨双桥山长游石马寺

清·宋 玮

问字余闲到上方，缕嶙崎码点秋霜。

岩前老树凌烟乱，阁外清流映月凉。

正好壶觞随杖履，由来山水尽文章。

一经指点皆成趣，何必鹅湖作讲堂。

【作者介绍】宋玮，清代乐平（今昔阳县）人，乾隆年间廪生。

（十六）石马含云

清·乔国鼎

烟雾吐浓浓，灵机造化钟。

只今多石马，那复自云封。

【作者介绍】乔国鼎，清代乐平人，道光二十年庚子科举人。

（十七）石马寺

清·净 寅

石磴盘空绕翠峰，青山深处寄禅踪。

惊开梦眼双林月，撞破秋云一杵钟。

常借福田赡早粥，每扶锡杖倚孤云。

此生惟爱林泉爽，涤尽尘嚣几万重。

【作者介绍】净寅，清乾隆年间乐平石马寺僧人。

（十八）石马寺

当代·张建民

太行斜出小屏风，古刹依崖就画中。

一路尘来求了悟，两山涧上跨飞虹。

寒云悠去春储瑞，石马空留项系红。

三请瓣香添佛窟，全凭腊月报年丰。

【作者介绍】张建民，字窝，别署峰洼后生，山西省昔阳县人，现供职于晋中书画院。国家二级美术师。中国书法家协会会员、中华诗词学会会员、晋中市书法家协会常务副主席兼秘书长。

（十九）石马寺晚春行歌

当代·姚问贤

依稀莫问落鹰来，象教浑然凿此开。

新柳初晴云破绿，孤僧旧雨壁生苔。

清凉拾级盘蜗境，觉悟垂虹跨涧台。

莲座千龛身印化，恍兮当作恍兮猜。

【作者介绍】姚问贤，山西省平定县人，就职于平定县教科局，山西省书法家协会会员，平定县书法家协会副主席、高岭诗社社员。

（二十）石马寺

当代·李砚德

这里纤尘不染，我能看到放缓的时间

一千张面孔，从北魏伫立到现在

那些掉了头颅的，定是逃亡出红尘的

走进石马寺

不知道哪只神鹰落到过此处
只知道唐王赐来两只石马
大旱之年它们何时含云再现

暗道悠长，仿佛从白天到黑夜
仿佛阳间到地府。在拐弯处，兵荒马乱
依稀看到一具具枯槁且无奈的身躯
我愿当时的日光慢些，风低些
杀人的刀利些

世人苦难，谁来超度
我找不到一千年前的那个木匠，想问问
能把木屑粘合成屋梁，能不能粘合一个人的伤口

穿过石桥，梵音犹绕。别过了石马寺
你让我看到了过去，但我不敢看到未来

【作者介绍】李砚德，山西省和顺县人，昔阳县德众药店总经理、太阳谷诗社会员。

（二十一）在石马寺

当代·郝晓芳

风声鹤唳，好像一匹嘶鸣的战马
踏着红尘滚滚而来
千年的钟声被叫醒了
朝拜的人
把俗身与背影重叠

测量着通向天空的距离

顺着众生走过的台阶
鸟鸣在头顶翻译着天文
仿佛一个古老的召唤
荡净了我的凡尘肉体

和一匹石马对视时
白云正驮着经卷路过
唐朝的劫难已被度化
被度了的，似乎还有我

【作者介绍】郝晓芳，山西省昔阳县人，就职于昔阳县税务局第一税务分局，晋中市诗歌协会会员，乐平诗社会员。

（二十二）石马寺

当代·妙　华

石马寺是唐朝梦的残片

或者是善男信女
在历史长卷上留下的写经体
反正是
有权有势的现代人寻思不了
依山傍水
佛国世界
远离尘埃
可是
时空悬远
心境错位
欣赏，有太多问号

【作者介绍】妙华法师，号古柏，陕西省华县人，禅宗沩仰传人，湖南省长沙市望城洗心禅寺首座。

（二十三）北魏·石马石窟

当代·赵保柱

刀戟丛林

在南北朝的士大夫眼前

不时晃过。褒衣博带

抵挡不了三尺剑锋

荒乱中，讨伐声起

贼子与英雄，便定位在

一念之间

佛乘祥云从西天赶来

王朝在道家的五行中

阴阳更迭

城邑兴了又衰

黍粒在烽火中

噼啪作响

众生向来世争渡，于是

伽蓝丛生，凄美了

壁画上斑驳的传说

山门倾塌再爬起

经文流淌在

通往邺城的路上

松水不写在《水经注》里

河畔古道上旌旗飘过

在荒烟漫道的年代

杀声肆虐
安宁遁入空门。佛
在柳暗花明的山崖上
从容坐定

【作者介绍】赵保柱，山西省昔阳县人，昔阳县人民医院神经内科主任，昔阳县诗词协会会员、昔阳县作家协会会员。

陆

碑文精选——

金石拓韵传胜迹

陆　碑文精选——金石拓韵传胜迹

（一）圆寂英公监寺长生之碑

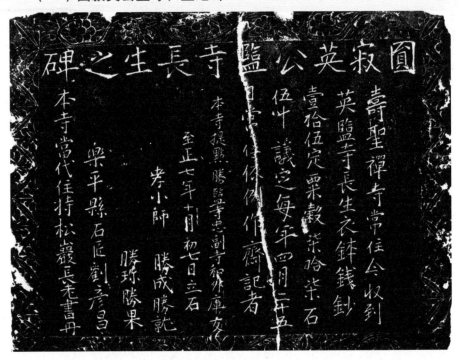

【简介】石碣镌刻于元至正七年（1347）十月，石质青石，长方形，高40厘米、宽51厘米。碣文为楷书字体，7行，满行11字，全文80余字，由松岩长老书丹。石碣现断为两截，碣面保存较好，对研究石马寺历史有较高的史料价值。

【碣文】
寿圣禅寺常住今收到英监寺长生衣钵：钱钞壹拾伍定，粟谷柒拾柒石伍斗。议定每年四月二十五日常住依例作斋。记者：本寺提点胜、监寺忠、副寺和、外库友。至正七年十月初七日立石。孝小师胜成、胜就、胜珍、胜果，乐平县石匠刘彦昌，本寺当代住持松岩长老书丹。

（二）龙洞匾额

【简介】匾额镌刻于明嘉靖三十六年（1557）四月，石质青石，高52厘米、宽65厘米。匾文为楷书字体，由李应时书丹，现嵌于石马寺大雄宝殿石崖上，保存完好。

【碑文】

嘉靖三十六年孟夏吉旦

龙洞

钦差直隶监察御史平定东桥李应时书

乐平县知县济南默石张汝能立石

（三）韩上人生行记

【简介】石碑立于明嘉靖四十二年（1563）十月，石质青石，圆首，高116厘米、宽60厘米、厚18厘米。碑文为楷书字体，18行，满行41字，全文670余字，由李生阳撰书。石碑表面剥蚀较重。该碑记录了明代续昂和尚的生平纪事，对研究和考证石马寺的变迁有较高的史料价值。

【碑文】

韩上人生行记

上人法名续昂，层霄其字也。父韩贵为刘庄世□□，□子三，长林，季廷云，上人即次也。父祖家世业农，及生昂，资性聪敏，嗜习文义。甫长，克敦礼仪，乡人评之若有远离尘俗之气。其师祖能，乃同邑之人也。每见而伟之，欲纳以为徒焉。昂欣然曰：拜佛看经，礼法所在，舍是将焉从之。遂拜能以为师。

时师建水陆大殿，观音伽蓝二殿，僧舍一所，继塑三殿圣像。大功所在，昂以冲年，周旋其间，尽心竭力以辅之，数年而功序成，昂亦与有力也。及后，堂宇既建，佛像辉煌，昂则每岁首必设斋供祭于殿前，每晨昏必焚香诵经于侧所。祀佛四十余年而无违释氏之教者，上人克敦礼仪有如是也。后岁在嘉靖三十二年，见其大殿虽高而视前未广，祀佛者咸病其为隘焉。昂语人曰：是殿师之所建，前堂未构，非后人之责耶。于是复建卷棚三楹，但见大殿得前堂而益宏，前堂继大殿而愈邃，祀佛者得之自廓如也。是不惟有功于释氏，实善继其前人之志也已，岂弗肯堂弗肯构之比哉。方其师翁垂老，不克自立者数年，昂与弟昇、旻朝夕尽定省之礼，随时尽试膳之诚。及至没，葬法一遵释氏礼仪，必求名公刻石以记之。临丧者咸谓无□于事师也。后里人悦其善，遂荐诸令，命护印数年。昂则愈谦愈慎，事上以恭，接下以礼，多与士大夫交游，而无不爱重之，说者谓其教虽墨而行实儒也。夫上人一僧流也，建堂立业，其有功矣；祀佛诵经，其有礼矣。而况继师之志，无忝于孝；谐众之心，无损于友。其集众善有如此者，恶容泯于盖棺之后耶。时葬于石佛寺之南，师枢之次。其徒宗□、宗篆征予为文。予非能文者也，特历生行以记之，使彰善于未泯耳。上人生于弘治七年二月十八日，卒于嘉靖三十四年八月初一日，享年六十有四。噫！上人之寿，中寿也，若有□欤焉。不知能者，人也；不能者，天也。奚容议焉。昆玉三：长上人；次昇，为护印僧；次旻，□习禅教。徒三：宗□、宗篆、宗□。孙徒四：惠定、惠仁、惠仪、惠杰。徒众蕃衍亦可以传上人之盛于无穷也，是为记。

时大明嘉靖四十二年岁次癸亥孟冬吉旦。邑庠廪生李生阳撰书并篆，石匠王明男、王银贵刊

（四）重修石马观音阁记

【简介】石碣镌刻于明天启四年（1624）八月，石质青石，长方形，高45厘米、宽70厘米。碣文为楷书字体，19行，满行16字，全文270余字，由李四友撰文，李启元书丹。石碣碣面略有残缺。

【碣文】

重修石马观音阁记

石匠胡宰、石进福刊。

县治西南三十里，古刹石马构焉。群峰环绕，异石挺生，故即石绘像，坐卧立倚，极其精工；即像造宫，前后左右随其广狭。且洞表灵异，神龙蟠升，山毓祥光，寒云拥护，倘丛林之最非耶。粤稽义士岳海捐创，有宋熙宁奉敕，迨金大定重修，于元至正两缮。

国朝天顺、嘉靖间复补葺焉。岁久倾圮，工部赵公翻砌三殿，惟观音阁自杭州推府先公修后丕承尚乏。客岁与李生施傅、刘生三聘，睹将颠而思鼎新，第首事无人。今甲子首夏，乡官中实李公，邑庠早芳李生，聿成厥志，躬亲整饬。犹虑土台易坏，砌之以石；

隅壁易壅，通之以门。逾月而告成焉。庙貌与诸殿齐芳规恢，视前修大备，纵祝厘非吾儒乐道，与其没人善也，宁识。

大明天启四年岁次甲子八月吉旦立。邑庠生李四友撰，邑庠生李启元书

（五）石马寺钟自鸣记

【简介】石碑立于清康熙十四年（1675）九月，石质青石，平首抹角，高176厘米、宽82厘米、厚19厘米。碑文为行书字体，16行，满行41字，全文540余字，由乐平知县王祚永撰文，并集唐陈州刺史李邕书摹勒上石，书法价值较高，石碑基本保存完好。

【碑文】

石马寺钟自鸣记

凡物之有形者有声，声出于形，理则然也。即如龙乘云而吟，虎从风而啸，凤凰巢高岗而鸣，可类推也。然亦有无形而声者，如雷之响于空，风之触于物。此以气感有神，行乎其间矣。至于金石之类则不然，搏击有声，不则无声也。异哉，石马寺之钟自鸣也。寺曷以石马名？闻寺内昔有石马二，遇天将阴雨，则马吐寒云，为沾邑八景之一，是以名也。寺造建万山岩坳中，年久倾圮。予莅兹八载，慕其为古

遗胜迹，偶携同人往登临而游览焉。至则石马亡有，遣人觅诸荒烟蔓草中而得之，置于石台上。予与同人席地聚谈，其旁有议重修斯寺之举。忽耳畔间隐隐闻有声者三，声在咫尺间，迩甚。予谛听久之，曰：此钟声也。胡为乎来哉，命老右觅钟所在，求之不可得，异矣。虽然，更有异焉者。寺之旁有村，村有老人赵可□，忽夜梦有赤马一、白马一，教跳而向之。□不解也。越数日，又夜梦二马向其前而言曰：前者，寺钟已自鸣矣，尔尚不之知耶，可急往督修寺工。老人因以其事告诸赵文学伋，惊而异之。伋遂亲往寺内，遍寻钟所在，乃悬于殿旁高楼之上，与前闻声处不相属。年久楼之梯板俱坏，不能层步而上。另攀援至其处，则尘蒙深厚，无人履迹，钟其谁击之者。则前之隐隐有声，岂非其自鸣乎哉？赵文学备述其故，以告予。予愕然曰：此马之向人梦中言也。岂龙之吟，虎之啸，凤之鸣耶？然而乃石也，至于钟之自鸣也，抑岂雷之响于空，风之触于物，以气相感，有神以行乎其间者耶。嘻！异矣。是真神之以灵显示人矣。予亟蠲俸倡率大兴厥工，众皆乐助。赵文学伋与文学赵怙、李早育等董其事，而老人赵可□、刘俸等，亦勤劳朝夕其间焉。有异事如此，讵可湮没弗纪，俾后世无传闻哉！工成因记其事，以勒之于石。

大清康熙十四年九月吉日

文林郎知乐平县事高沙王祚永撰，集唐陈州刺史李邕书，平定门人任复亨摹勒上石。

汉元氏令政绩，有虞氏猎山中，见白石且巨，将依之。石忽言：使君清虞氏白之令。令异之，未几而召为三公。我王夫子以髦社大儒，专此山城，令不烦而事治，威不厉而法举，人用太和子民之诚，感通于仙佛。其悬钟之自鸣也，与石言使君清极类，顷三公之召，为之兆矣。敬读斯记，其寝食左史而以游戏出之者，其文其事，当与白石神君碑并峙千古。亨摹勒，工竣，敬识于后云。

门人任复亨书

（六）游石马寺

【简介】石碑立于清康熙年间，具体纪年不详，石质青石，平首，高127厘米、宽48厘米、厚15厘米。诗文为草书字体，4行，满行18字，计66字，由乐平知县王祚永撰书并刻石，极具观赏价值，石碑基本完好。

【碑文】

迢递层峦路可通，到来古寺隐山中。
一双石凿名为马，几度云腾疑化龙。
瑞霭霏霏千壑秀，清风拂拂万尘空。
凭高无限登临兴，宛在蓬莱最上峰。
游石马寺 高沙王祚永题

（七）摩诃般若波罗蜜多心经

【简介】石碑立于清康熙年间，具体纪年不详，石质青石，平首抹角，高134厘米、宽58厘米、厚19厘米。经文为草书字体，8行，满行43字，全文300余字，由乐平知县王祚永书丹。石碑表面有剥蚀，是石马寺唯一的一块经碑。

【碑文】

摩诃般若波罗蜜多心经
观自在菩萨，行深般若波罗蜜多时，照见五蕴皆空，度一切苦厄。舍利子，色不异空，空不异色，色即是空，空即是色，受想行识，亦复如是。舍利子，是诸法空相，不生不灭，不垢不净，不增不减。是故空中无色，无受想行识，无眼耳鼻舌身意，无色声香味触法，无眼界，乃至无意识界，无无明，亦无无明尽，乃至无老死，亦无老死尽。无苦集灭道，无智亦无得，以无所得故。菩提萨埵，依般若波罗蜜多故，心无挂碍，无挂碍故，无有恐怖，远离颠倒梦想，究竟涅槃。三世诸佛，依般若波罗蜜多故，得阿耨多罗三藐三菩提。故知般若波罗蜜多是大神咒，是大明咒，是无上咒，是无等等咒，能除一切苦，真实不虚。故说般若波罗蜜多咒，即说咒曰：揭谛揭谛，波罗揭谛，波罗僧揭谛，菩提萨婆诃。

　　高沙王祚永薰沐顿首书

（八）补修石桥碑记

【简介】石碑立于清乾隆二十六年（1761）四月，石质青石，平首抹角，高70厘米、宽38厘米、厚12厘米。碑文为楷书字体，7行，满行24字，全文160余字，由麻汇翰林张鹤云撰文，李浙书丹。石碑右上角缺失，碑面剥蚀，有脱落。

【碑文】

　　□□□□□□，横亘东西，盖两岸之过峡而瞻拜者必由焉。己卯岁，桥□□坏，□能无倾圮忧。辛巳四月，里人刘玉珍、张湛等□住持僧会司□□净寅、净冞谋所以修葺之。但工虽小而费□□，因各□己赀，兼募众善，鸠工庀材，不日告成。此虽一时补□，实□□所永赖也。夫修胜果者小善必为，扬人善者片长必录。工竣，问记于余。余嘉里人之乐施兼喜净冞之不怠厥事也，因纪颠末以勒诸石。

赐进士出身翰林院庶吉士加一级邑人张鹤云撰，邑庠生李浙书

大清乾隆二十六年岁次辛巳清和月上浣之吉

（九）重修碑记

【简介】石碑立于清乾隆三十年（1765）十一月，石质青石，平首抹角，高70厘米、宽38厘米、厚13厘米。碑文为楷书字体，4行，满行30字，全文80余字。石碑左上角、右下角缺失，碑面剥蚀较严重。

【碑文】

重修碑记

乾隆二十六年，张湛等补修桥下根脚，□悠久也。越明年壬午，复（阙）故，僧人净冞又与众善人等同心勠力，多方调护，屡径大水无恙。庶几百年始于一日，一日可以百年矣。因勒诸以垂不朽云。

□隆三十年岁次乙酉十一月吉

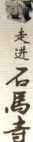

【简介】石碑立于清乾隆四十一年（1776）三月，石质青石，平首抹角，高196厘米、宽91厘米、厚14厘米。碑文为楷书字体，16行，满行58字，全文700余字，由麻汇翰林张鹤云撰文，赵淑书丹并篆额。石碑现断为三截，断裂处有碑体缺失，碑面剥蚀较严重。

【碑文】

重修石马寺记

石马寺居乐邑八景之一，地势缭曲，盘谷周回，环山而石立，凿石而像成，天工既错，人巧复极。前明庄简公有"沿岭南来是此峰，峰头云气护寒冬"之句，盖名胜地也。顾历年久远，风雨飘摇，穿漏朽败，渐即倾圮。寺僧净寅、净□愿力宏茂，兴言修葺，有志未逮。适有赵公梓如、孝庶冀公世英、太学王公尚文、耿公蔚文等，慨然以重修为己任，各出资财，以为众倡。复持缘引，沿村募化，约得九百余金。众皆欣然曰事可举矣。□于兴工之始，焚香矢誓，对神而祝曰：是役也，工势浩繁，匪伊朝夕。凡我同事诸人，毋惮劳而推诿，毋徇私而□涣，毋参商而抵牾，毋有初而鲜终。有弗若者，惟神鉴察之。乃诹吉兴工，二人一班，五日一周，鸠工庀材，罔间寒暑。出纳有司，交代有簿，粒米□钱，登记分明，一切薪水之资，酒浆之费，皆取诸囊，罔费诸公也。经始于乾隆癸巳二月，落成于乙未十月。工峻，余来登眺，见其轮奂辉煌者，殿宇之巍峨也。古丽庄严者，佛像之炬赫也。星罗棋布者，廊庑之环列也。基宇宏敞者，亭台之□丽也。关帝则祀于别殿，明有尊也；铁佛则妥于层楼，示有敬也。砖券则坚固而完好也；钟鼓则序列于左右也。新乐楼以妥神也；构僧舍以宁人也。砌以石堨防冲决也；周以垣干墙虞践踏也。条理井然，因创悉协，清幽奥□，宛然画图一幅，虽鹿苑鹫岭，不是过也。余于是喟□叹曰：兹寺为八景之一而以名胜称最也，谅哉。悉非诸君子之勷力同心，共勤厥事不至此，非净寅兄弟蒙露戴星，罔惮拮据亦不至此。余于登览之下，触景关心，偶成二律以志胜概，并垂诸善人之功德于不朽云。其诗曰：

盘谷嶙峋绕翠岑，苍苍古寺白云深。
千般佛像无非石，十亩祇园尽是金。
高卧层楼空俗眼，暂尝清茗净尘心。
就个识得禅栖意，那问沧桑变古今。

胜地由来传石马，而今古刹庆重新。
凌云梵宇浮光迥，映日金身耀彩匀。
资积经年凭募化，工缘阅□毕艰辛。
盛衰递嬗无常理，修葺还须望后人。

处士赵淑书丹篆额，赐进士出身文林郎原任河南陈州府西华县知县前翰林院庶吉士加三级邑人张鹤云薰沐谨撰
时大清乾隆四十一年岁次丙申季春中浣谷旦

（十一）□□大埽碑□

【简介】石碑立于清乾隆四十二年（1777）四月，石质青石，平首抹角，高134厘米、宽58厘米、厚19厘米。碑文为行楷字体，12行，满行34字，全文280余字，由马权撰文，李宦书丹。石碑表面剥蚀较严重，有碑文缺损。

【碑文】

□□大埽碑□

□□□埽，长十余丈，高有数仞，溯厥□居，然土丘河水□□□□殿宇。□经理人等□□于此，思有以修治之，根砌以石，顶餙以砖，所以固殿宇，亦以壮观瞻也。甲午岁五月，功程甫就，水路未修，而天雨连绵，遂有浸灌之忧。越二载，丙申六月日，忽然崩裂倾圮□□□。斯时也，石碣既刻，银两复竭，住持净冞，盖有搔首唏嘘，悼叹于无可如何者。惟我理人等目击心伤，伏念坐视其敝，不惟前功尽弃，终觉殿宇不固。于理人中择其乐输者，复捐□资金约十余千，其不足者，卖寺松树数株以补之。厥资不匮，工可立举。经始于季夏，告成□仲秋。逾一月而前之崩裂者，去之；倾圮者，修之。所增固殿宇壮观瞻者，宛然如故。工竣，勒之于石，并将前遗录名附之于左，以垂不朽。

邑廪生马权顿首撰，邑庠生李宦沐书

大清乾隆四十二年岁次丁酉清和下浣谷旦

（十二）重修东南殿并新建石牌楼栏杆碑记

【简介】石碑立于清嘉庆十五年（1810）五月，石质青石，平首抹角，高180厘米、宽72厘米、厚18厘米。碑文为行楷字体，13行，满行46字，约562字，由张志澄撰文，常玉佩书丹。石碑保存较好。

【碑文】

重修东南殿并新建石牌楼栏杆碑记

忆昔石马寺之重修也，经始于乾隆壬辰，越五载丙申落成。维时，先严为之记，持论正大，序事详明，小子澄不敢赞一词焉。嘉庆己巳，住持僧智铢、智钧、智恒敦请附近士民，能倡义者佥谋修理，各捐资财，又募钱五百余贯。乃诹吉兴工，将坠者补之，未建者兴之。澄遇病不能出，固未之问也。庚午告竣，世兄景元冀君，同砚友义山马君告澄曰：今之举事也，同心勠力者，若德明许君，守规王君等贰拾人，经画区处，任怨任劳，相其缓急，次第举之。先是寺之东南殿傍石筑室，其成易败，乾隆间经理诸公易为砖券，迄今三十余年。东殿垴顶遽为大雨倾颓，兹仍旧制，加工经营，焕然改观，妥神灵也。山门外，下临清溪，旧有石桥而观瞻未壮，前次总理冀公世英等欲建牌楼栏杆，乃有志未逮，因承其志，建修石牌楼一座，栏杆二道，通神路也。西僧房月台屡次修饬，未克永久，改为石垴三座，图坚固也。其余逐处补修，俾无遗憾焉。夫后之视今，犹今之视昔，前同事诸公，今之在者我二人暨富云赵公与尊兄志潘耳，而皆衰老无能为役。数十年后，天时人事变迁，靡常有如今之

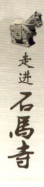

因创兼举，绍前启后，当必有任其责者。兹将勒诸贞珉，综其巅末志之，可乎。澄闻之，既羡二君之老而益壮，且喜经理诸公之功德，有并堪不朽比。于是撮其继前之绩，兴役之缘，综理之劳，区画之善，而益泫然于先严口泽之永存，是记。

例授修职郎丙午科副贡候选儒学教谕张志澄薰沐撰，邑庠生常玉佩薰沐书。立牌楼匠赵玉生、赵秀和。

大清嘉庆十五年岁次庚午蒲月上浣谷旦

（十三）重修大殿关帝观音殿铁佛楼山门并大堵碑记

【简介】石碑立于清道光八年（1828）五月，石质青石，平首抹角，高144厘米、宽72厘米、厚19厘米。碑文为楷书字体，11行，满行38字，全文420余字，由赵守忠撰文，潘允中书丹。石碑保存基本完好。

【碑文】

重修大殿关帝观音殿

铁佛楼山门并大堵碑记

石胡以马有马之者也，石胡以有马之者，有欲马之者，而遂马之也。夫既已欲马之而遂马之矣。则石马之名可以名村，亦可以名寺。故载之艺文，传为歌咏，寒云之说与烟雨、积雪、拖蓝诸景并垂不朽焉。庚午岁，马公权、冀公世勋有修葺之举。甫越数年，而观音殿、铁佛楼俱倾圮甚，大殿与山门亦渐皆凋零。住持僧智铢会集四乡好善者，又兴工修之。奈观音殿功甫竣，而东禅房大堵忽倾。是堵也，高数丈，去禅房仅数步。堵坏则禅房坏事，而关帝殿亦必坏。移工于此宜也。乃因其倾而鸠工，工未竣而又倾。岂诸公之纠督不谨欤。抑拙工之恃才而急于事以致之欤。盖募化数百金，而大埠已耗其十之九，此工之所以终，未及于大殿山门也。停工五六载，智铢之徒佺名德喜者，又集诸经理，有赵宗清、李培中、赵挹和等，复为募化，重举工程。由大殿及山门，以至后殿诸处，坠者无不举，废者无不修，盖补葺经数次，斯时颇称完善焉。今将金妆佛像，丹腹檐楹，勒贞珉以旌善举，故余亦偶一与其事。此时与僧偕行大殿下，僧摹石马而言曰：此殆即当年之驮经而来者耶。余亦不禁莞尔笑，至事之巅末能纪之详者，盖余弟尽忠，亦列经理之后云。

邑斋廪生赵守忠薰沐撰，邑庠生潘允中薰沐书。

赵挹和施插飞一百零六根，橄板二丈八尺。闫家沟合村施柱四根。

大清道光八年岁次戊子仲夏上浣谷旦

（十四）后修石马寺碑序

【简介】石碑立于清咸丰六年（1856）七月，石质青石，平首，高145厘米、宽70厘米、厚15厘米。碑文为楷书字体，11行，满行36字，计442字。碑体下部有裂纹，底端中间部分缺失，碑面剥蚀。

【碑文】

后修石马寺碑序

从来有名区者必有名寺，曰匡庐、曰云门、曰天竺，寺以地名，从古而然，非所语于石马者也。石马寺为乐平八景之一，山重水复，林木阴翳，已云奇矣。而非寺之所，以石马名之，所以异也。懿夫！奇石嵯峨，盘郁周回，曾不知其几许。孰凿其空，孰嵌其奇，左萦右拂，秀耸层螺。内千佛罗列，石像庄严，古洞幽深，石壁明昧。外石马峭峙，苔花缀以绣鞍，萝带联以仙辔，朝朝暮暮浮寒云，而若隐若见。噫嘻，只一盘石也，而宫观若是。彼以地名寺者，若耶否耶。爰作歌曰：造化锺灵兮，维石庚庚；云霁汗漫兮，仙马午午。匪人工而天作兮，繄梵音而终古。僧人德和虑有倾圮，咎将安归，发愿四方募化，获施若干。施主同心，各施其财。有因旧址而补葺之者，有□□□而新建之者。第因资财不继，二郎殿、伽蓝殿与钟鼓楼未能焕然皆新，愧□甚矣。今□□□，众施主输财修建，以毕旧愿。事竣请序于余，余岂能文者哉。爰拙笔以聊记序文，已镌□□。□月二十七日，河水又将石桥倾圮，鸠工修理，今亦告竣，永垂不朽。

邑庠生李抡魁敬□□。

时大清咸丰六年岁次丙辰七月上浣谷旦立

（十五）重修观音殿并葺补正殿子孙殿序

【简介】石碑立于清同治十三年（1874）十月，石质青石，平首，高160厘米、宽67厘米、厚20厘米。碑文为楷书字体，8行，满行66字，计621字，由王丕基撰书。石碑碑面剥蚀严重。

【碑文】

重修观音殿并葺补正殿子孙殿序

石马寺右偏北向为观音殿，古称鹰落寺也。与佛殿环绕相通，周围俱靠一石，石上塑千般佛像，难以指数，洵乐邑之胜景焉。第思创造之岁代无考，葺补之工程多年，迄今瓦木尽皆敝坏，神像几至冲残。住持僧行懿、行富不忍坐视其倾圮，敦请十乡村父老公议重修。十乡村各举二三当事者以为经理，又举及余。余思，在昔补修，余曾祖尚文公有功德之称，今即不能如祖父之输财，窃愿效力一二。是故不辞其责，与众相伴，沿村募化，捐得二百余金。督工整修，量所入以为出。将见堂构则仍旧也，瓦木则更新也，下檐则加以插飞也。门窗则易为砖券也。更且绘图妆像以涧色其中也；丹腰檐楹以修饰于外也。瞻仰及之不又焕然一新乎？乃此工既竣，而布施无多。正殿、子孙殿以及罗汉殿残坏者尚复不少，因停工以待来年。募缘四方又得钱数十余缗，复兴工以完其事。是役也，经始于癸酉夏，告成于甲戌冬，工用浩繁，必立石以记。众经理又令余为文。余本不敏，焉能为文，惟直叙其事之始末，以昭示来兹云尔。

总理纠首处士王丕基薰沐撰并书。

赐进士出身、翰林院编修、钦加侍讲衔、前充景山官学汉教习、国史馆协修、武英殿协修、国史馆纂修、本衙门撰文李用清施钱壹千文。赐进士出身、朝议大夫晋中宪大夫、即补员外郎、户部福建清吏司主事、加三级军功随带加一级纪录三次、则例馆总纂李希莲施钱弎千文。功德主太学生李东祥佃钱柒拾余千，工竣收讫。诰授儒林郎孔昭泰，偕子布政司理问宪融施钱伍千文。

大清同治十三年岁次甲戌孟冬中浣谷旦立

（十六）石马寺石牌坊匾额

【简介】 匾额镌刻于清嘉庆十五年（1810）三月，石质青石，长方形。匾文为行楷字体，现保存完好，嵌于石马寺门前石牌坊上。

【碑文】

阳面：大清嘉庆十五年庚午岁　　凌空结构

　　　三月中浣谷旦新建立

阴面：垂虹跨涧

（十七）续修正殿下檐碑记

【简介】 石碑立于清同治十三年（1874）十一月，石质青石，平首，高230厘米、宽72厘米、厚15厘米。碑文为楷书字体，6行，满行71字，全文350余字，由王丕基撰书。石碑表面有剥蚀。

【碑文】

续修正殿下檐碑记

自古前人之创建，必借后人之修为，而后人修为亦不一其工：有仍其旧以补葺者，有革其故而重新者，更有嫌其陋而改作者。石马寺今日之修为兼备矣。忆昔观音殿之将倾也，十乡村捐资重修。工既竣而钱有余，又将各庙之残缺而整理之。此非重新而兼补葺乎。第以别处残缺，可补葺之而固久，正殿下檐梁柱既有敝坏之形，基趾亦有松塌之势，若仅补葺焉而终止，恐不数年间而前功尽废。众经理因难于此事，而谓余资有限何以胜此大任，不得已议四方募缘之举。乃住持行懿行富即慨然以此责自负，于是广为劝输，远近莫遗。延至今岁夏六月复兴工以经营，鼎其新而革其故，堂构于以完固矣；危者持而颠者扶，间架从此正直矣。而且中间挂以龙扁，竭诚敬也；斗供加以雕刻，壮观瞻也。继以丹雘之工而轮奂翚飞之美，不于此而再见欤。此即重新而兼改作也。前已勒碑刻铭矣，今又何必多赘乎。盖以此殿为诸庙之尊，此工较前而更大，不为旌而别之，莫知巅末之由，因复陈俚言于此石，可前后参观而详明矣。

总理纠首处士王丕基敬撰并书

大清同治十三年岁次甲戌仲冬月勒石

（十八）移修关帝庙新建北殿山门暨修补各处碑记

【简介】石碑立于清光绪十年（1884）三月，石质青石，平首，高180厘米、宽70厘米、厚15厘米。碑文为楷书字体，8行，满行55字，计395字，由赵丽暻撰书。石碑保存较好。

【碑文】

移修关帝庙新建北殿山门暨修补各处碑记

今于无所凭借之地，而开其始植其基，有经营缔造之艰，则必赖乎前代。今于有所凭借之地，而补其偏弥其缺，有踵事增华之美，则又赖乎后人。石马寺旧有关帝庙，庙后南庑为观音殿，殿之檐外荒芜不治，东北一带俱系寥廓地界。近年来，关帝庙渐形倾圮，邻村输诚补葺。因相度地势，见内有观音殿，蓬蒿茂密不足以妥神灵；外有关帝庙，规模狭隘不足以壮观瞻。与其仍旧而规模逼狭，何如移后而地势宏广。谨将关帝庙移修在后，旧地基建为山门。□地接沾山漳水，一邑之文星萃于是，福星寿星亦萃于是，因建北殿三间，塑文昌、药王、财神像三尊。是举也，变狭隘为恢宏，易偏缺为周全。可移即移，得变通之妙；可创即创，见化裁之宜。行见院宇庄严，金碧辉映，本属无双胜地，又开别一洞天。复以余资，修葺大殿檐头、禅房、下厨、马棚诸处。然工多者用宏，知非一人之力。今值功竣之时，砻石勒名，一一书之，以垂永久。

邑增生赵丽暻薰沐撰并书丹

纠首王居高施柱顶一对，石条一丈四尺，施钱五百

大清光绪十年岁次甲申季春上浣谷旦

（十九）补修石马寺各处庙宇暨乐楼下厨马棚碑记

【简介】石碑立于清光绪十九年（1893）四月，石质青石，平首，高163厘米、宽74厘米、厚20厘米。碑文为楷书字体，10行，满行43字，计397字，由李鸿宾撰书。石碑保存较好。

【碑文】

补修石马寺各处庙宇暨乐楼下厨马棚碑记

从来事之开其始基显当世者，莫不由先代之人竭力创造，为之前焉；事之循其旧迹照后世者，亦莫不因后进之辈踵事增华，为之后焉。莫为之前虽美不彰，莫为之后虽盛不传。是古

今来，开创守成，未始不相须也。石马寺不闻兴于何日，建自何时，而年湮代远，殿宇之颓坏，已多革故鼎新，人事之需功无数。即屡经补葺终不能完全而无憾。现今屋瓦渗漏，垣墉倾圮，若不及时整理，难望有基勿坏也。因于癸巳荷月，住持僧并十乡村纠首公议补修，故效力输财共襄盛事。变通裁治，胥因前功。经之营之，定其基也；乃塈乃涂，筑其宇也。未几而功程告竣。望其庙则翼翼也，瞻其庭则殖殖也。而且刻桷丹楹，巍然其改观也；高台邃宇，焕然其重新也。近之而鸟革翚飞，咸峥嵘于左右；远之而蒙山漳水，并辉映于东西。地吉者神必灵，自古然也。因重修盛举，并十年十乡村捐钱金妆佛像艳光，共勒碑刻名，以垂不朽云。

邑增生李鸿宾薰沐撰并书丹。

大清光绪十九年岁次癸巳梅月上浣谷旦

（二十）石马寺造像记

【简介】石碑立于民国十四年（1925）三月，石质青石，平首抹角，高176厘米、宽82厘米、厚19厘米。碑文18行，满行44字，全文790余字，字形夸张，别具一格，由昔阳县民国年间著名书法家东寨人王谷撰书。石碑保存较好。

【碑文】

寺寓一大石若覆敦，环崖尽凿堪，造佛家像：高寸数者五十九躯，尺者五十二躯，二尺九十四躯，三尺三十二躯，四尺三躯，五尺二躯，八尺一躯。一堪高二丈，阔丈

走进石马寺

余，爸八九尺，镌五像：丈六尺者一躯，六尺者四躯。一堪高二丈，阔丈余，爸八九尺，镌五像：丈六尺者一躯，六尺者四躯。凿窟一，南向，入高广三四尺，镌三堪，堪三像：高二尺者三躯，尺者六躯。凿窟一，西向，口可三四尺，入高广丈数尺。上层镌小佛二寸许，三面，面八列，列四十二。右则加其二未沱者百十二躯，可数者二百九十三躯，可计者六百十九躯。列下各镌佛，尺者二十一躯，三尺十一躯，阅而立高三尺者二躯。凡像之数，大小千三百有二十。颖墁绘馀剥不剥不尽识。大石之南约数武，据一石，成半方，两崖尽镌佛家像。略左顾，高尺者百零二躯，二尺二十七躯，三尺十六躯，四尺三躯。凿一窟，口镂馀迤丈余，入高广七八尺，镌三堪，堪三像：高四尺者三躯，二尺六躯。阅而立高三尺者二躯。大石西南下降十数武，石蜀起东向，如列屏，尽镌佛，尺至三尺者十六躯。西行百余武逾一崇，山之麓，凿堪可丈许，像三躯。高五六尺摩崖外，壞壞二三十。其栖石像五：高尺者一躯，三尺者一躯，四尺者三躯。凡像之数，大小百八十有三。颖墁绘馀剥不剥不尽识。铭记大石西崖五六处字而可识者一二。东厓八九处字而可识者一二。东石窟十一二处，度如记、度如名字而可识者一二。半方石北崖，清信士女题名四五十处，似后起可识者十八九。凡题记之数，渺蚀不尽存。存而可识不可识六七十处。共和开国之十二年，余且来东窟左获一记，摩崖平如碑而翚圆，其首高六七尺，行略辨，可文字千五六百。洗苔垢而读之，第一行"维大魏永熙三年岁次"九字尚可识。越数月，有王君者且来东窟右获一记。摩崖高尺余，记三行。洗苔垢而读之，"大魏永熙三年岁次甲寅"十字尚可识。像主十三村，比邱八九人。喜曰：是无疑北魏造像，必也。斯千四百年矣。渺若此，不可无以记。明年，垸菁像寓磨治石，请余记。时余方研华严隔法异成之旨，属属诺曰：可矣。弘其历千四百岁，斯之五十一万一千日，斯之六百十三万二千时，斯之七万万三千五百八十四万分，递

144

斯之纤秒芒忽以暨刹那，而三千四百六十万万万万万万万万刹那。
三千四百六十万万万万万万万刹那，撮之一刹那，无刹那，无无
刹那刹那。

中华民国十四年三月日记之，古龙池村王谷

（二十一）游乐平石马寺

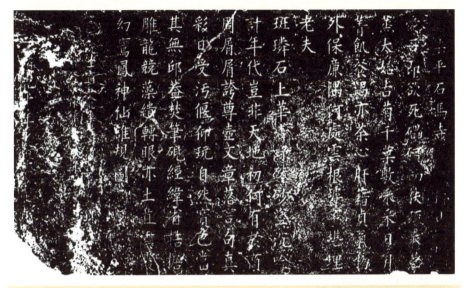

【简介】石碣镌刻于清道光十年（1830），石质青石，长方形，
高32厘米、宽55厘米。碣文为楷书字体，13行，满行12字，全
文140余字，镌傅山"游乐平石马寺"诗。石碣左下角缺失，碣面
剥蚀较严重。

【碑文】

游乐平石马寺

爱石即欲死，礧砑而扶疏。

天华蒸太始，古菊千叶敷。

采采日月菁，饥餐渴亦荼。

心肝藉贞气，物外保廉隅。

何处云根镈，不堪埋老夫。

斑璘石上华，青绿朱砂涂。

沉吟计年代，岂非天地初。

何有于商周，屑屑夸尊壶。

文章落言句，真彩日受污。

偃仰玩自然，宝色尝其无。

邱盖焚笔砚，经纬省拮据。

雕龙竞藻绘，转眼亦土苴。

云霞幻鸾凤，神仙谁规图。

　　先生霜红龛集（阙）

大清道光十年后学李从贞（阙）

（二十二）御制碑

【简介】石碑立于2007年，石质青石，螭首龟趺，螭首高50厘米、宽50厘米、厚50厘米，碑身高200厘米、宽120厘米、厚30厘米，龟趺高50厘米、宽50厘米、厚50厘米。碑文为康熙御笔，行书字体，镌清代康熙御制诗一首。石碑保存完好。

【碑文】

　　何处来春风？淡荡开晴旭。

　　不见杏花红，才逢柳梢绿。

　　途次逢寒食赐乐平知县马光。

（二十三）重修石马寺碑记

【简介】石碑立于2007年，石质青石，有螭首，螭首高50厘米、宽50厘米、厚20厘米，碑身高200厘米、宽120厘米、厚20厘米。碑文为魏碑字体，14行，满行38字，全文450余字，由李怀仁撰文，张慧明书丹。石碑现保存完好。

【碑文】

重修石马寺碑记

晋东石马，太行形胜，乐邑八景之一。海黄襟带，松漳分野，景色卓然不群。东如游龙蛰伏，西似神蝠振翼，怪石嶙峋，古木参天，溪潺泉涌，云蒸雾绕，宛若人间仙境。

石马佛源，踪追北魏，永熙三年，开窟造像。初唐立寺，太宗赐马，明清鼎盛，梵呗不绝，文人骚客吟诗遗墨，信男善女如云似织，石马寒云名震遐迩。

然惜近代，世事沧桑，千年宝刹，屡遭罹祸。日寇侵华，蒙受毁焚，十年浩劫，殿颓墙倾。禅门碑损树伐，佛像首身异处。古寺破败凋敝，昔日风光不再。

欣逢盛世，国运昌隆。政府力倡义修重光，恒雁董事长李志恒慧眼慈心，慷慨荣施，从其旧制，壮其新观，再造石马，拓展旅游。甲申七月动工，丁亥四月告竣，历时三载，费资千万。石马古刹，重现于千年旧址之上；北魏石刻，再展于万绿葱茏之中。山门殿、大雄宝殿、观音殿、地藏殿、药师殿、子孙殿、关帝殿，钟、鼓二楼、东、西厢房，铁佛亭等殿宇亭窟相继落成，大王庙、玉皇庙、御碑亭、八卦亭、老君台、大戏台等旅游景点随之建就，诸佛神像，金妆玉饰，塑绘庄严，文宝碑刻，俱收一亭，供人瞻览，寺前开明镜，荒山着绿装，曲径通幽处，禅房花木深，名山奇景跃然于世，近悦远来，竞相觐谒。

为铭记李公志恒之善举，故余将亲历亲为撰文记之，勒石于斯，以期永志。是为记。

李怀仁撰文

张慧明书丹

王志力勒石

公元二〇〇七年丁亥四月谷旦立

附 录

附　录

（一）昔阳名吃

昔阳头脑扁食

　　头脑扁食是昔阳独创的一种传统名食，出现于明末清初，迄今有300多年的历史。当时，昔阳人仿效傅山先生发明的"八珍头脑汤"药膳配方，将其昂贵稀有的"八珍"换成普通常见的"八珍"，经精心配制成为一种新的"八珍汤"，也取名为"头脑"，它与太原、榆次的"头脑"虽同出一辙，但却荤素有别。昔阳头脑以素取胜，饺子相佐，吃起来香甜暖热，清爽利口，有通筋活络、活血化瘀之功效。

昔阳头脑扁食

　　昔阳头脑的原料主要为豆腐、红薯、粉条、菠菜、鸡蛋、红糖、木耳和白酒八种。制作时把豆腐切成指头肚大的小块，锅上火加入食油，油热后投入豆腐块煎炒，边炒边加入少许食盐、姜末、蒜末，随之再投入炸好的山药（或红薯）块（切成滚刀块，油炸成金黄色）和红糖，再继续翻炒，至红糖炒化后，加入清水少许，放入粉条，小火炖15分钟后，再视稠稀程度添入适量清水，烧开后加入适量淀粉，并将鸡蛋液甩入锅内，最后加入少许菠菜叶，即成头脑汤。饺子在昔阳叫扁食，与外地饺子最大区别在于饺子捏好口后，从两端向中间挤一下，形如古代公子帽。饺子下锅后煮熟捞出分置碗内，再将头脑汤舀入，一起食用。昔阳头脑扁食味道独特，香甜可口，是滋补亏损、延年益寿的佳肴，也是昔阳人逢年过节、招待客人的必备主食。

昔阳拉面

昔阳拉面，又名抻面，是昔阳县独具地方风味的面食名吃，也是昔阳人婚丧嫁娶、生日做寿必备的一道美食。如果说面是灵魂，那么卤就是精髓，昔阳拉面配上独特的烧肉和底汤，再加上几滴老陈醋，那是多么让人久久回味的滋味。

昔阳拉面

昔阳拉面的制作要求配料精准，首先将面粉置于盆内，加入适量的食盐和碱面，搅拌均匀，揉成面团，待面团醒放后，制成长条，可细可粗，可长可短。细短的，用手拉伸直接下锅为"小开条"，粗长的，上下抖动，用力拉伸，反复对折，可抻12扣，成1024根面条，也可制作更细的16扣，成6553根面条，下锅时，掐头去尾，出锅后，浇上底汤和卤，口感香而不腻，味道独特。

昔阳人王冠乔，曾将面条反复对折16扣，共262144根面条。每根1.78米，总长度达46万米，是世界吉尼斯纪录的保持者，并获得"中华面王"的称号。

昔阳抿蝌蚪

抿蝌蚪也叫抿圪斗，是昔阳民间一种古老的面食，以其做法和形状而得名。制作工具是底部密布小孔，四周有边的矩形抿蝌蚪床和小锄状铁制抿子。在锅内的水烧开后，将和好的面团放在铁制抿床上用抿锄抿到锅里，抿下的面前头圆，后面拖着一条尾巴，如蝌蚪般落入沸腾的锅内，随沸腾的水上下翻滚，因此人称"抿蝌蚪"。

昔阳抿蝌蚪

抿蝌蚪做法简单，面可白面、豆面、高粱面、玉茭面、荞麦面。浇头可荤可素，可汤可干，皆可依自己的喜好而定，吃起来清爽可口，别具风味，如今已由百姓餐桌进入酒楼饭店。

昔阳煎饼

昔阳煎饼

昔阳煎饼有薄、厚两种，需要一种叫"煎饼鏊"的工具才能完成。厚的用米面摊成，薄的用白面做就。厚煎饼摊好后一面稍脆，一面松软柔和，吃起来绵绵有香。薄煎饼摊好后，顺手一搓，卷成一卷，捣蒜蘸着吃，或者蘸辣椒酱，香喷喷不可食一而止。薄煎饼还可以撕开泡菜菜汤吃，也可以炒着吃，吃法各异，但无不味美香浓，有退热祛风之功效。

（二）昔阳名品

大寨核桃露

大寨核桃露是山西大寨饮品有限公司的主打饮品。凭借野生核桃的天然品质，依托北大生命科学院的工艺配方，坚持着高品质、

大寨核桃露

高标准、高价值的战略。经过多年来的拼搏，大寨核桃露的天然、保健品质赢得了广大消费者的一致赞誉和认可，在植物蛋白饮料市场里夺取了一席之地，成为该产业的生力军。先后获得"中国绿色食品""中国保健食品""中国五星饮品""中国名优食品"等认证。2003年11月，在中央电视台黄金广告时段招标会上一举中标，并先后由影视明星徐帆、孙俪出任形象代言人。2005年3月，大寨核桃露成为2005年全国人大、全国政协两会专供饮品。2016年，大寨核桃露携手王老吉凉茶，共同开发大寨核桃露及系列产品，实现了品类多元化发展。

昔阳压饼

昔阳压饼又称"黄金饼"，是昔阳县特有的小吃，因用特制的压

饼鏊压制烘烤而成，故名压饼。主要原料为面粉，多为玉米面，也有的用白面和杂粮制作。昔阳压饼有其特定的历史背景，实为20世纪六七十年代昔阳人为适应当地粮食结构单一实际而粗粮细作的一种食品。饼薄如纸，色泽鲜艳，香脆

昔阳压饼

酥绵，适宜久放。1973年6月13日周总理陪外宾访问大寨，品尝了压饼，赞不绝口，从此压饼在昔阳县得到普及。经过多年发展，昔阳压饼发展到周边各县市，不再是小众美食，已逐步走上了餐桌酒席，成为具有地方特色的馈赠佳品。

2020年，昔阳县政府投资建设压饼产业园，昔阳常相伴食品有限公司引进先进的技术设备，实现了由传统的手工制作向集研发、生产、销售、包装、物配为一体的大规模流水线生产。现在的压饼有原味、牛奶、巧克力、蒜香等十几种口味，33个系列产品，外形较传统的压饼更为小巧，更薄、更酥、更香脆，成为走向全国颇具特色的休闲食品。现如今，"压饼"已成为昔阳人接待亲朋好友的美味佳品，被评定为"国家地理标志证明商标"，小压饼做成了大产业，走向了大市场。

走进 石马寺

昔阳吊炉烧饼

吊炉烧饼俗称"小烧饼",是昔阳县的传统特色小吃。产生于金元时期,迄今已有 800 余年的历史。当时,外族入侵,战火纷起,

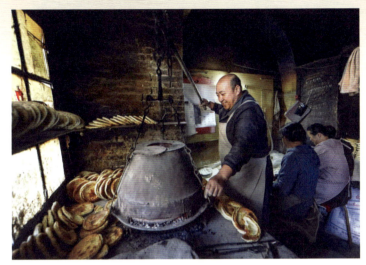

人们为了躲避战乱经常离乡背井,同时一种好消化、易保存、便携带的食物也就应时而生了。此后,几经改进成为吊炉小烧饼,

昔阳吊炉烧饼

并一直延续至今。吊炉烧饼用发面在专用吊炉上烘烤而成,饼色潮红,口感脆香,营养丰富,物美价廉,成为昔阳人坐月子的干粮,走亲访友之佳品。

昔阳连翘茶

连翘是一种中药材,因开金灿灿的小黄花,也叫黄金条。县境内山上遍布连翘,将嫩绿芽采摘后,经过加工炮制就可以制作成能

昔阳连翘茶

够饮用的连翘茶。昔阳制作连翘茶有几百年的历史，清康乾年间作为贡品享誉全国。古法"九蒸九晒"炮制成的连翘绿茶和连翘红茶汤色清亮、鲜醇独特、清香爽口、回味甘甜，有生津止渴、开胃健脾、清热解毒之功效。近年来，昔阳县委、县政府立足当地资源，大力推动发展连翘种植基地。昔阳富润农业有限公司将传统的制茶工艺与先进的制茶设备相结合，开发出"青山翘"连翘绿茶、红茶、青茶系列产品，并以连翘茶为龙头研制和开发了鸟接茶、金银花茶、蒲公英茶等保健药茶，实现了"茶园"向"茶经济""茶文化"的转变。昔阳连翘茶、鸟接茶荣获"国家地理标志证明商标"。

（三）昔阳民俗

昔阳拉话

昔阳拉话是一种风格独特、闻名省内外的珍稀舞种，原叫"文故事"，始于三都乡，源于宋元年间，距今已经有 700 多年历史。其

昔阳拉话

传统程式是由 8 人分别扮演老生、小生、小旦、花脸四种行当，手执圪节鞭、竹板、八角鼓、钱杆儿 4 种道具，以踩脚、垫脚、跌步、斜场、抱脚、四平架等 6 种基本舞步，编成前后左右穿插变化的舞蹈队形，伴以激昂洪亮的打击音乐，和以 4/4 沉稳平展的音乐节拍，唱着悠扬悦耳的歌声，形成激昂庄重、舒展流畅、刚中有柔、粗中有细的特殊舞蹈韵味，给人以粗犷豪放、轻盈活泼的美感。传统节目有《八仙洞神仙赴蟠桃》《崔虎抢亲》等。1960 年，《昔阳拉话》被山西电影制片厂拍成电影，评为全省民间音乐舞蹈优秀节目。2006 年之后，县文化部门对昔阳拉话进行了挖掘、创新和改编，加快了音乐节奏，增加了服饰视觉美感，融合了戏曲、舞蹈、秧歌三元素，舞台表现力得到提升，达到了本真性、乡土性、创新性、思想性和艺术性的和谐统一。2008 年列入晋中市第一批非物质文化遗产保护名录，2009 年收入山西省第二批非物质文化遗产保护名录。

昔阳迓鼓

昔阳迓鼓

昔阳迓鼓源于宋金时期，流行于明末清初，原来是迎神赛会的一种广场舞蹈。表演时由 21 人出场，每人各执一件鼓、铙、镲、锣等打击乐器，边打击边舞蹈，同时排成各种阵型。鼓点抑扬顿挫，威武雄壮，阵势纵横变化，气势恢宏。按其鼓点的差异和舞步的不同，可分为安阳沟、白羊岭和口上三个流派。传统的表演曲目有《赵匡胤得胜还朝》《朱全上梁山》。近年来，昔阳县文化部门对昔阳迓鼓的规模和阵势上进行了大胆尝试，参加人数最多可达 150 人，演出场地由广场搬上了舞台，深得观众的好评。2006 年《昔阳迓鼓·乐太平》参加晋中市元宵节文艺游行，并获得全市第一名，2008 年列入晋中市第一批非物质文化遗产保护名录，2009 年收入山西省第二批非物质文化遗产保护名录。

昔阳足足马

足足马是起源于明朝万历年间的一种民间家庭文艺表演形式，

昔阳足足马

流行在昔阳县北掌城村。原本是几个小孩骑着木棍玩耍的游戏，逐渐演变成民间艺人骑着纸架做成的马进行表演。在民间艺人的改造下，足足马表演者穿着艳丽的戏装，在身前身后各置马头马尾，人夹其中，腰以下以马肚遮挡，给人以真实、完整的感觉。骑马者配合身后赶马者，进行各种表演。脚步细碎，节奏欢快。表演时，演员辗转腾挪，缓起柔伏，蟒蹿蛇行，只闻足音，不见足迹，摇曳多姿，意趣横生。起初表演内容为《瓦岗寨》《梁山好》《打金枝》《齐灵山》等脍炙人口的传统剧目，后来便加入民风民俗和富有现代生活情趣的内容，成为昔阳土生土长的社火表演形式。2010年被列入晋中市第二批非物质文化遗产保护名录。

昔阳跑炮

"跑炮"是昔阳较为独特的一种民间社火形式，它与一般闹红

昔阳跑炮

火的民间社火不同。明末清初，由昔阳县田川村乡绅赵盘龙和族兄赵恳堂怀揣反清复明的梦想而创作。首创的"武雷阵"阵型已失传。现在流传下来的有"九连环""八角阵""三跑圈"等阵法。主要表演演员为：大大王，二大王。大大王头戴鸡冠帽，上插两根鸡翎，手拿帅字旗，身穿大黄袍。二大王头戴木瓜帽，上插一根鸡翎。大大王举两面牌子，二大王持两杆鸟枪，头带红缨亮帽，其他人员有的身穿黄袍，手拿铜锤，扔锤舞锤，举牌奔跑；有的手拿矛牌、短刀，头带武生巾，身穿黄马褂。还有 12 个人每人手拿一眼炮，身穿灰马甲，全副武装，在打击乐队伴奏下跑炮，气势恢宏，颇为壮观。2010 年被列入晋中市第二批非物质文化遗产保护名录。

（四）昔阳名胜

大寨村

大寨村

大寨村位于昔阳县城东南部，风景秀丽，人杰地灵，是山西省著名的特色景区、第一批全国乡村旅游重点村、第四批中国传统村落、全国生态文化村和全国文明村，国家 AAAA 级景区。山负龙盘虎踞之雄、水占含华毓秀之胜的大寨森林公园，松涛浅唱，秀色四季，诸美迭见，宛若天成。

大寨是举世无双的世界名村，人文景观得天独厚。20 世纪六七十年代，以陈永贵、郭凤莲为代表的大寨人，靠自力更生、艰苦奋斗的精神，以战天斗地的英雄气概，改造恶劣的自然环境和靠天吃饭的落后面貌，得到了毛泽东主席与中央领导的充分肯定和大力表彰。国内众多中央领导、军界将领、社会名流和各行各业上千万人次前来参观学习，国外 134 个国家和地区 2.5 万多人次的国家元首、政坛要人和友好知名人士曾到此访问，七沟八梁一面坡上留下了他们的足迹身影，特殊的文化浸润使大寨愈发显得诗意葱茏，魅力无穷。大寨是华夏农业文明的佳作名篇。首战白驼沟、三战狼窝掌、奋力战洪灾、"三不要三不少"，搬山填沟造平原、科学种田等至今脍炙人口，留下煌煌史迹。陈永贵故居、陈永贵墓地、郭沫若诗魂碑、叶帅吟诗地、周总理三访大寨纪念亭、大寨展览馆、大寨文化展示馆、名人遗踪展、大柳树、军民池等众多特色景点构成了旖旎动人的精神画卷，令人思绪万千。热情好客的大寨人竭诚欢迎国内外宾客光临。

红旗一条街

"红旗一条街"原名上城街，是昔阳老城唯一的一条主街道，南北走向，全长 600 米。明洪武二十二年（1389），基本形成现在的街巷框架，20 世纪六七十年代，上城街不仅是昔阳政治经济文化的荟萃之地，而且当时历史风云的演绎在这里浓缩，时代行进的步伐在

红旗一条街

这里留下雪泥鸿爪。2010年，昔阳县委、县政府按照县城总体规划和全域旅游开发思路，坚持修旧如旧的原则，对上城街进行了恢复性保护性修缮，并同时冠名"红旗一条街"。站在街道一端放眼望去，清一色水泥石子抹就的墙体立面被白灰勾缝分割成形状规整的条块，风格硬朗有骨感。商铺或住户门前大红的水泥立柱气势不凡，房顶上筑起的女儿墙上各种红色元素随处可见，浓缩了这方土地上的人民自力更生、艰苦奋斗创造奇迹的精神之魂，再现了那段激情燃烧的岁月。徜徉其间，人们感受着时代的变迁，体味着文化的滋养和历史的积淀，同时也增添了一种不负韶华的勇气和力量。2020年被山西省人民政府批准为山西省历史文化街区。

龙岩大峡谷

龙岩大峡谷位于昔阳县孔氏乡，是太行山景观变化最多、地貌类型最丰富的地段，历经燕山、喜马拉雅两大造山运动和千万年的

龙岩大峡谷

风化侵蚀，形成了沟壑纵横、套谷环扣、栈道相通、山奇水秀、壁立万仞的奇绝景观。以其高亢、粗犷、奇险、含蓄、浑厚的博大气势，体现了壮阔的太行神韵。景区面积 150 平方公里，主峡谷南北贯通，两侧石壁刀劈斧削，连绵不绝，长达 25 公里，宽处数百米，最窄处仅十余米，置身其中，顿感天高地阔，包罗万象。大峡谷峡中有峡，曲径通幽，12 条次峡谷景点众多，或百瀑飞流，石林奇峰；或森林草甸，千柏垂崖。远而望之，层峦叠嶂，错落有致；近而观之，丹崖翠横，相映成趣；入而游之，雄险奇秀，目不暇接。整个景区植被保存完好，森林覆盖率达 92%，植物种类繁多，计有 110 科，近700 种，原始森林接连成片，野生动物资源丰富，有黄羊、草鹿、豹、野猪及多种山禽，是晋冀周边的避暑胜地，世外桃源。

黄庵垴风景区

黄庵垴风景区素有"太行蓬莱"之雅称，位于昔阳县皋落镇南

黄庵垴风景区

岩村，为晋冀分水岭，海拔1774米。风景区内气候宜人，绿草如茵，奇峰险峻，怪石嶙峋。登临黄庵垴，但见茂密的植被如一床天然锦被，覆盖于太行山巅，秋露又将这床锦被染得万紫千红，鲜艳迷人。登上山顶可以观日出、望云海、听松涛、浴佛光。这里的朝官抱笏、九女峰、叠嶂悬钟、宝俞峰四大奇峰巍然环拱，优美传说纷纭传颂，梨树圪梁、通天缝、阎王鼻子、大王梯四大险境令人触目惊心，白龙洞、黄龙洞、雾洞、子母洞、连环套洞、义军粮仓、仙人洞、千羊洞、状元窑，形貌各异，奇幻迷人；神龟探海、猴子念佛、骆驼岩、鱼石画屏、彩屏石、镇山石狮、雄鹰踞门、熊猫拜山、拓南石、拓北石惟妙惟肖，光彩四溢。目前，它已成为我国北方旅游名胜区中的一颗璀璨明珠。

水磨头渔乡

水磨头渔乡坐落在太行群峰、松溪河畔的水磨头村，距昔阳县城30公里，因中华人民共和国成立初期村里建起全县唯一的水磨，故而得名"水磨头村"。该村山环水绕，峰秀洞奇，鹤飞鹳舞，山泉

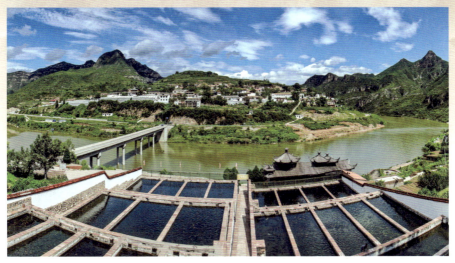

水磨头渔乡

喷涌，村民开塘养鱼，辟田种稻，早被誉为世外桃源，太行渔乡。2020 年口上水库建成后，水磨头渔乡更加名副其实，湖面上水光潋滟，碧波荡漾，天水相连，是一处集山水风光、渔乡风情为一体的休闲、探险、体验、娱乐、度假的好景点。

石马寺景区游览示意图

北

图例
Legend | 범례

公路
Road | 도로

人行步道
Footway | 보행로

河流
River | 하천

石阶
Stairway | 돌계단

水道

浏览线路
Tour line | 관람경로

景点
Attraction | 명소

桥梁
Bridge | 교량

游客中心
Tourist center | 관광객센터

卫生间
Restroom | 화장실

停车场
Parking | 주차장

医务室
Clinic | 의무실

休息区
Resting area | 휴게소

售票处
Ticket | 매표소

热水供应
Boiled water supply | 온수공급

景区出入口
Exit&Entrance of Scenic area | 관광지 출입구

手机充电
Mobile phone charge | 휴대폰 충전

广播室
Broadcasting | 방송실

游客咨询
Tourist information | 관광안내

婴儿车
Baby pram | 유모차

轮椅租凭处
Wheelchair rental | 휠체어 대여소

讲解服务
Guide service | 가이드 서비스

失物招领处
Lost and Found | 분실물 보관소

投诉意见
Complaint | 불만접수

投诉电话：0354-3802799
Complaint Hotline: 0354-3802799

咨询电话：0354-3809789
Information Hotline: 0354-3809789

紧急、救援电话：0354-3800616
Emergency Aid: 0354-3800616

石马寺地理位置·交通图

后　记

　　石马寺的修缮工程从 2004 年农历七月初七动工，于 2007 年农历四月初八竣工剪彩，历时将近三年。

　　之所以在这里使用农历纪年，是因为佛教始终是农耕文明的重要组成部分。而选择的动工、竣工日期在农历里也是两个有着特殊意义的日子。

　　一座寺庙能穿越十几个世纪的风雨、兵火来到当代，实在是不容易的事情。整修前的石马寺，墙倒庙坍、释迦蒙尘、衰草枯杨、水涸不流，让人看了心生不忍。近三年的修缮改变了这一切。眼前的石马寺，钟磬悠扬，香火复盛，游人也络绎而来，就连庙前的石马都有了欢喜的模样。著名作家二月河先生对修缮后的石马寺给予好评。此生能襄助如此一件事情而且总的说来算是成功，对我实属大幸。

　　除了专家们的意见，我也很关注游客们对于石马寺的评价。听到最多的声音是：一切都好。要是再有一个全面介绍石马寺并兼具观赏性、知识性和资料性的旅游读物就更好了。

　　其实对于此事我早有想法。将石马寺散落的文化碎片重新捡拾、拂拭、陈列起来，让其焕发久违的光芒，于她的历史和我的作为来说，都是一个圆满的交待。如今我已离开工作岗位，赋闲在家，是时候实现自己的心愿了。

　　《走进石马寺》是一本以小见大的书，之所以说"小"，此书是详细描写了很多个"点"。从小时候的仰慕到几年的朝夕相对，我已把石马寺的诸多细节烂熟于心，大至石窟、蜗廊，小至 5 厘米的佛像，乃至它的每一块砖、每一条缝，都如我掌心里的纹路般熟悉。生恐有所遗漏，所以我一一进行了不厌其烦的解说，哪怕影响到整书的文学性我也未曾放弃；然而，把这些"小"都讲解清楚了，"大"也就水落石出。本书是图文式的全景扫描，山水风光、人文历史、石窟艺术、景点导览、民间传说、名人诗词、碑碣石刻毕备，所以，最后呈现的是个"大"景观。兼具综合性、可读性和实用性。

如果在您游览石马寺时，本书能给您提供些许帮助，那将是对我极大的鼓励；如果本书能作为一个旅游纪念品伴随您离开的脚步，如果它能展现在陌生的地方、陌生而同样亲切的人们面前，为您的亲朋好友了解石马寺提供参考，对我来说，那更是莫大的欣慰，也就圆满了我写作此书的本心。

《走进石马寺》文图来源广泛，编著千头万绪，以我一己之力实难完善，故，得到了方方面面的助力，我一直心存感激。

感谢昔阳县委、县政府历任领导及县文旅局对本书出版给予的大力支持；

感谢孔瑞平、宋明珠、赵瑞斐、翟盛荣等同志，为拙作精心修改、细致打磨、倾注了大量心血；

感谢白英、聂志明、梁瑞华、郭冰梅、毛海胜、白雪峰、张晓峰和毛晁同志慷慨提供大量照片，为本书增色添彩；

感谢为本书付出辛勤劳动的出版社编辑。

成书之际，感慨万千。这本书是我在春天里为石马寺献上的一个小小花环。在万紫千红之中，也许它平凡、朴素，但是我心欣慰。无论如何，我是尽心了。

李怀仁

2022 年 12 月 1 日